VERGESSEN WAR GESTERN WIR SPRECHEN DARÜBER!

Liebe Videofreunde,

In den weiten und tiefen der damaligen Videotheken regale befanden sich etliche Filme die teilweise bis heute gänzlich unentdeckt und unbekannt sind. Zur damaligen zeit entschied man sich entweder per Cover-Motiv für einen Film oder man fragte den Videothekar, andere Besucher oder Freunde nach Film-Tipps.

Entweder man erwischte einen Hit oder Shit!

Wir haben uns zur Aufgabe gemacht, einige dieser Filme in dieser Heftreihe an die Öffentlichkeit zu bringen und stellen Sie euch vor. Doch wir befassen uns nicht ausschließlich mit ONLY VHS Filmen, viele besprochene und von uns vorgestellte Filme sind bereits auf DVD / Blu-ray erschienen. Da heutzutage kaum noch Wert auf ein ansprechendes Cover gelegt wird, kauft man oft die Katze im Sack.

Wir wünschen Euch viel Spaß beim Lesen, Stöbern und nehmen Euch mit auf eine Reise in die Vergangenheit.

Impressum:

Herausgeber: Stefan Böse

Autoren: Stefan Böse
Lektorat: Adrian Monecke

Inhalt

Der 4D Mann (1959)

Kennt Ihr noch den Film Blob - Schrecken ohne Namen (1958)? Ja sicherlich, als Retro-Fan sollte man diesen Film mit Steve McQueen kennen. Und somit sind wir schon beim Regisseurs des Film „Der 4D Mann" (1959), der ebenfalls unter der Regie von Irvin S. Yeaworth Jr. entstand. Zudem war Yeaworth auch noch ausführender Produzent bei „Der 4D Mann". Wieder ein Jahr später drehte er noch „Mördersaurier". Dies war sein letzter Film. Im Jahr 2004 verstarb Yeaworth bei einem Verkehrsunfall in Jordanien. In den 50er Jahren waren Science-Fiction Filme hoch im Kurs. Oft sehr kostengünstig entstanden, pflegen manche von Ihnen noch heute Ihren Kult-Status und begeistern die Zuschauer. Entweder handelten sie von Besuchern aus dem Weltall, Reisen auf entfernte Planeten, oder auch verrückte Wissenschaftler. So wie auch bei Der 4D Mann ein Wissenschaftler durch Zufall eine Entdeckung macht, die die Menschheit beeinflussen kann. Doch gerät sie in die falschen Hände, so ist das Grauen schon vorprogrammiert. Zwar wird hier kein Monster durch zusammenfügen einzelner Körperteile geschaffen, aber allein der Gedanke, das sich ein Mensch durch alles hindurch bewegen kann, reicht aus, um Grauen und Unbehagen beim Zuschauer auszulösen.

Viele würden gerne mal durch Wände gehen wollen, sich etwas nehmen, oder beobachten, ohne erwischt zu werden. Doch ob das ohne Folgen für andere und vor allem für sich selbst bleibt, ist fraglich. Die Drehbuchautoren fügten noch einen kleinen Touch Vampir in die Story ein. Um selbst als geschaffenes Monster (im übertragenden Sinne) am Leben bleiben zu können, müssen andere Menschen Ihrer Lebenskraft beraubt werden. Moment mal!!! Das wurde auch in dem 80er Jahre Klassiker Lifeforce – die tödliche Bedrohung aufgegriffen.

Auch wenn der Film „Der 4D Mann" bei vielen ein Kult-Status trägt, so weist er ein paar kleine Schwächen auf. Was mir persönlich gut gefallen hat, war die Einführung aller beteiligten Charaktere. Sie werden dem Zuschauer sehr ausgiebig vorgestellt und man bekommt einen guten Einblick in ihr Leben und Bestreben. Doch leider nimmt diese Vorstellung schon zwei Drittel der Laufzeit des Films ein. Somit verbleibt der restlichen Geschichte nicht mehr viel Zeit, was etwas den Drive aus der Story nimmt.

Natürlich darf eine kleine Romanze in einem Film aus den 50er Jahren nicht fehlen, schließlich sind wir in Hollywood. Doch hier steht der Zuschauer im Ungewissen: Wer ist denn nun genau mit der attraktiven Assistentin zusammen? Wer begehrt sie? Wer umwirbt sie? Eine kleine Dreiecks - Beziehung wurde implementiert. Zwei Brüder umwerben eine Frau.

wirken. Zwar stimmig und schwungvoll, aber für die Story etwas fehl am Platz. Wirre, ominöse Klänge wären sicherlich angebrachter gewesen. Dennoch macht der Film großen Spaß. Er bietet gute Unterhaltung mit rund 82 Minuten Laufzeit. Bedenkt man, in welchem Jahr dieser Klassiker gedreht wurde, so kann man den Effekten nichts negatives ankreiden. Die damaligen Möglichkeiten waren noch sehr begrenzt und steckten noch in den Kinderschuhen. Somit verdienen sie meinen Respekt.

Auch hier hat sich ein kleines Logik-Problem eingeschlichen: Der Wissenschaftler, der durch Wände gehen kann und durch Dinge hindurch greifen kann, versinkt nicht im Boden? Zugegeben, Der 4D Mann benutzt nicht ständig seine Fähigkeiten, doch wenn - dann bleibt er konstant auf dem Boden haften. Vielleicht denke ich auch nur zu weit, oder versuche für alles eine Erklärung zu bekommen. Der Score im Film basiert mehr auf Jazz Klängen, die für einen Science-Fiction Film oft unpassend

Respekt gilt auch dem Label Subkultur Entertainment, die diesen Streifen in würdiger Qualität und Verpackung für uns Retro-Fans veröffentlicht haben.

4D MAN
COLOR by DE LUXE
Starring
ROBERT LANSING
LEE MERIWETHER
and
JAMES CONGDON
Featuring
ROBERT STRAUSS · EDGAR STEHLI
A FAIRVIEW PRODUCTION
A UNIVERSAL-INTERNATIONAL RELEASE
5
59/349

MAN'S FIRST ADVENTURE INTO THE INCREDIBLE
4TH DIMENSION
HE WALKS THROUGH WALLS OF SOLID STEEL AND STONE!
4D MAN
SEE... the 4D MAN push his hand through solid steel!
SEE... the 4D MAN turn love into a kiss of death!
SEE... the 4D MAN turn human flesh to dust!
COLOR by DE LUXE
Starring
ROBERT LANSING · LEE MERIWETHER and JAMES CONGDON
Featuring ROBERT STRAUSS · EDGAR STEHLI Co-produced and Directed by IRVIN SHORTESS YEAWORTH, JR.
Screenplay by THEODORE SIMONSON and CY CHERMAK · Produced by JACK H. HARRIS · A FAIRVIEW PRODUCTION
A UNIVERSAL-INTERNATIONAL RELEASE

Die im Nordmeer gelegene Bäreninsel ist ideal für Wetterstudien. Ein internationales Forscherteam unternimmt eine Expedition in die Arktis zur so genannten Bäreninsel. Dort entdeckt der amerikanische Meeresbiologe Frank Lansing eine alte U-Boot-Basis der Nazis, in der ein Goldschatz lagern soll. Kurz darauf fallen Franks Teamkollegen rätselhaften Unfällen zum Opfer.

Der Film basiert auf einem Roman des Schriftstellers Alistair MacLean. Seine Werke erfreuen sich großer Beliebtheit. Der Roman ist sehr spannend und aufschlussreich gestaltet worden. Aber kann die Verfilmung dem Roman das Wasser reichen? Oft sind die Bücher weitaus besser als die Verfilmungen. Doch im Fall „Die Bäreninsel in der Hölle der Arktis" ist es anders. Auch wenn der Film ein recht unbekannter ist und lange nur ein ONLY VHS Kandidat war, so besitzt er durchaus seine Qualitäten und weiss dem Publikum zu gefallen. Der Film entstand durch eine Gemeinschaftsproduktion von England und Kanada. Regie führte Don Sharp, der auch für „Ich, Dr. Fu Man Chu" (1965) und „13 Sklavinnen des Dr. Fu Man Chu" (1966) verantwortlich war. Zu seinen weiteren Werken zählen noch Filme wie „Rasputin – Der

wahnsinnige Mönch" (1966) und „Die 39 Stufen" (1978).

Was einem besonders schwer fällt, ist, den Film in eine richtige Schublade zu stecken. Er ist ein Mix aus Abenteuer, Krimi, Spionage, und Action – viele Elemente der einzelnen Genres fanden ihren Platz im Skript und verhelfen der Story zu einem sehenswerten Film-Genuss. Auffällig ist vor allem, das sich ordentlich bei „James Bond" bedient wurde. Dies ist nicht als abwertend zu bezeichnen, sondern zeigt nur wieder

einmal, wie sehr die „James Bond" Filme auf andere Produktionen und Ideen Einfluss hatten. Schon allein die Anfangssequenz von „Die Bäreninsel in der Hölle der Arktis" erinnert sehr stark an einem „James Bond" Film.

Natürlich werden auch hier wieder typische Klischees aufgenommen und dem Zuschauer wie gewohnt unter die Nase gerieben. Besonders, das erneut die Deutschen als Bösewichte agieren und für alles verantwortlich sind. Gut – als Aufhänger der Story dient auch eine alte U-Boot Bunker-Anlage in der Arktis, aber dennoch hätte man nicht wie so oft alles auf die Nazi Ära schieben müssen.

Regisseur Don Sharp ist es sehr gut gelungen, die Einöde, Einsamkeit und zugleich die Bedrohnis der Eislandschaft der Arktis in Bildern einzufangen. Die eiskalte Kulisse ist sehr prachtvoll für einen Abenteuerstreifen und bietet viele

Möglichkeiten, tolle Aufnahmen zu machen. Auch gelang es ihm, einen guten Spannungsaufbau von Anfang bis Ende zu kreieren.

Lange rätselt der Zuschauer, wer hinter welcher Intrige steckt und wer welche Ziele verfolgt. Zudem bleibt die Schlüsselfigur „Zelda" sehr lange im Verborgenen und wirft einige Fragen beim Zuschauer auf. Viele Wendungen und kleine Nebenplots harmonieren gut zusammen und schaffen ein schlüssiges Gesamtbild. Das liegt vor allem auch an der Besetzung des Films. Da tauchen

Größen wie Donald Sutherland, Vanessa Redgrave, Richard Widmark, Christopher Lee und Lloyd Bridges auf.

Mit viel Liebe zum Detail wurden die Sets und Kulissen ausgestattet. Vor allem die Hütten der Station und der U-Boot Bunker sind sehr detailreich und wirken sehr authentisch.

Sie unterstreichen die Prämisse der Eislandschaft immens und verhelfen ihr noch zu einem Hauch von Mystery. Welche Geheimnisse sind dort noch verborgen?

Der der Film „Die Bäreninsel in der Hölle der Arktis" bietet auch für Action-Freunde genug Potenzial - und vor allem Abwechslung! Wilde Verfolgungsjagden mit diversen Schneemobilen, Schießereien, Keilereien und eine gehörige Portion Explosionen. Gut verteilt im Plot und in keinster Weise zu aufdringlich oder gar übertrieben.

Vergessen war gestern, wir sprechen darüber!

JANUAR/FEBRUAR 1984

Poster 50 x 70 cm u. 70 x 100 cm
Aufsteller DIN A 2/60 x 35 cm
60 x 40 cm · Prospekte · Rali-Cards

Werbemittel-Eilbestellung
Frau Endemann/Frau Lesmeister
02 34/3 76 01 !!

Alfredo und Antonio sind Polizisten und gleichzeitig Mitglieder einer Spezialeinheit. Sie haben ihre eigene Art und Weise mit den Verbrechern umzugehen und das geht in den meisten Fällen tödlich für die Unholde aus. Ihr ärgster Widersacher ist der Mafiaboss Roberto „Bibi" Pasquini, der nach einem tödlichen Anschlag auf einen ihrer Kollegen in ihr Fadenkreuz rückt. Immer näher kommen sie an den Mafioso heran und hinterlassen dabei eine Spur von Blut, Gewalt und einer Menge Toter.

Die Motorrad-Cops Fred und Tony sind wahrlich keine schlappen Bullen. Als Mitglieder einer Sondereinheit räumen sie in Rom auf. Ihre brutalen Methoden bekommen vor allem eine Glücksspielbande zu spüren. Mitten ins Geschehen wird der Zuschauer bei EISKALTE TYPEN AUF HEISSEN ÖFEN aus dem Jahr 1976 geworfen. Der Film beginnt mit einem alten, fast schon klischeehaften Bild eines Handtaschenraubes mit dem Motorrad in Italien. Das kennt man bereits aus vielen Filmen. Doch die Räuber haben nicht mit unseren Hauptcharakteren Alfredo und Antonie gerechnet und werden kurzerhand ebenfalls per Motorrad verfolgt und förmlich in die Zange genommen.

Ruggero Deoadato war der verantwortliche Regisseur hinter dem Projekt. Man kann mit Zuversicht und Anerkennung sagen, dass ihm ein nervenaufreibender, spannender und dreckiger Polizeifilm gelungen ist. EISKALTE TYPEN AUF HEISSEN ÖFEN glänzt mit starker Härte und eine Prise Humor. Ruggero Deodato drehte in seiner Laufbahn einige sehr interessante und abwechslungsreiche Filme. Nicht nur im Polizei Genre, auch was Sandalen- und Horror-Filme angeht, war er stets präsent.

Zu seinen bekanntesten Werken zählen Filme wie DIE BARBAREN (1987), CUT AND RUN (1985) und NACKT UND ZERFLEISCHT (1980), um nur ein paar seiner recht umfassenden Filmographie zu nennen.

Unsere beiden Cops Alfredo und Antonie bestehen aus Marc Porel und Ray Lovelock. Beide sind inzwischen schon von uns gegangen, hinterließen uns aber zahlreiche Filme, die es noch zu entdecken gibt. Beide spielen die taffen, smarten und auch leicht macho-lastigen Draufgänger der hiesigen Polizei sehr überzeugend und realistisch. Porel spielte z.B. an der Seite von Bud Spencer in HECTOR - DER RITTER OHNE FURCHT UND TADEL (1976) mit. EISKALTE TYPEN AUF HEISSEN ÖFEN bietet dem Fan solcher Werke genau die Zutaten, die er möchte: Gewalt, Skrupellosigkeit und eine gehörige Portion Sex. Letzteres in Form der attraktiven Schauspielerin Silvia Dionisio. Sie war zur Drehzeit mit Deodato verheiratet, was beide nicht daran hinderte, eine wilde Sex-Szene mit unseren zwei Cops Alfredo und Antoine zu drehen. Silvia Dionisio spielte in zahlreichen anderen Produktionen mit. Zu ihren Werken zählen Filme wie ANDY WARHOLS DRACULA (1974), BLUTIGER SCHWEISS (1976) und HORROR-SEX IM NACHTEXPRESS (1980).

Dem Film EISKALTE TYPEN AUF HEISSEN ÖFEN muss ich jedoch ein paar kleine Schwächen zuordnen. Allen voran fand ich, dass der Soundtrack, zumeist bestehend aus Elektro-Sounds, nicht stimmig zum Genre und zu den jeweiligen Szenen passte. Er ist teilweise etwas störend und deplaziert. Man ist aus anderen Polizei-Filmen der 70er Jahre aus Italien anderes gewöhnt. Des weiteren zeichnet sich erst im späteren Verlauf eine gradlinige Story ab. Zuvor könnte der Zuschauer etwas verwirrt sein, denn erst durch das Auftauchen eines Oberschurken im letzten Drittel des Films, nimmt die Handlung Form und Farbe an. Das Tempo ist flott und mit wilden Verfolgungsjagden bestückt, halsbrecherische Kamerafahrten aus der Vogelperspektive, oder auch durch eine am Motorrad befestigte Kamera runden die Action-Sequenzen stimmig ab.

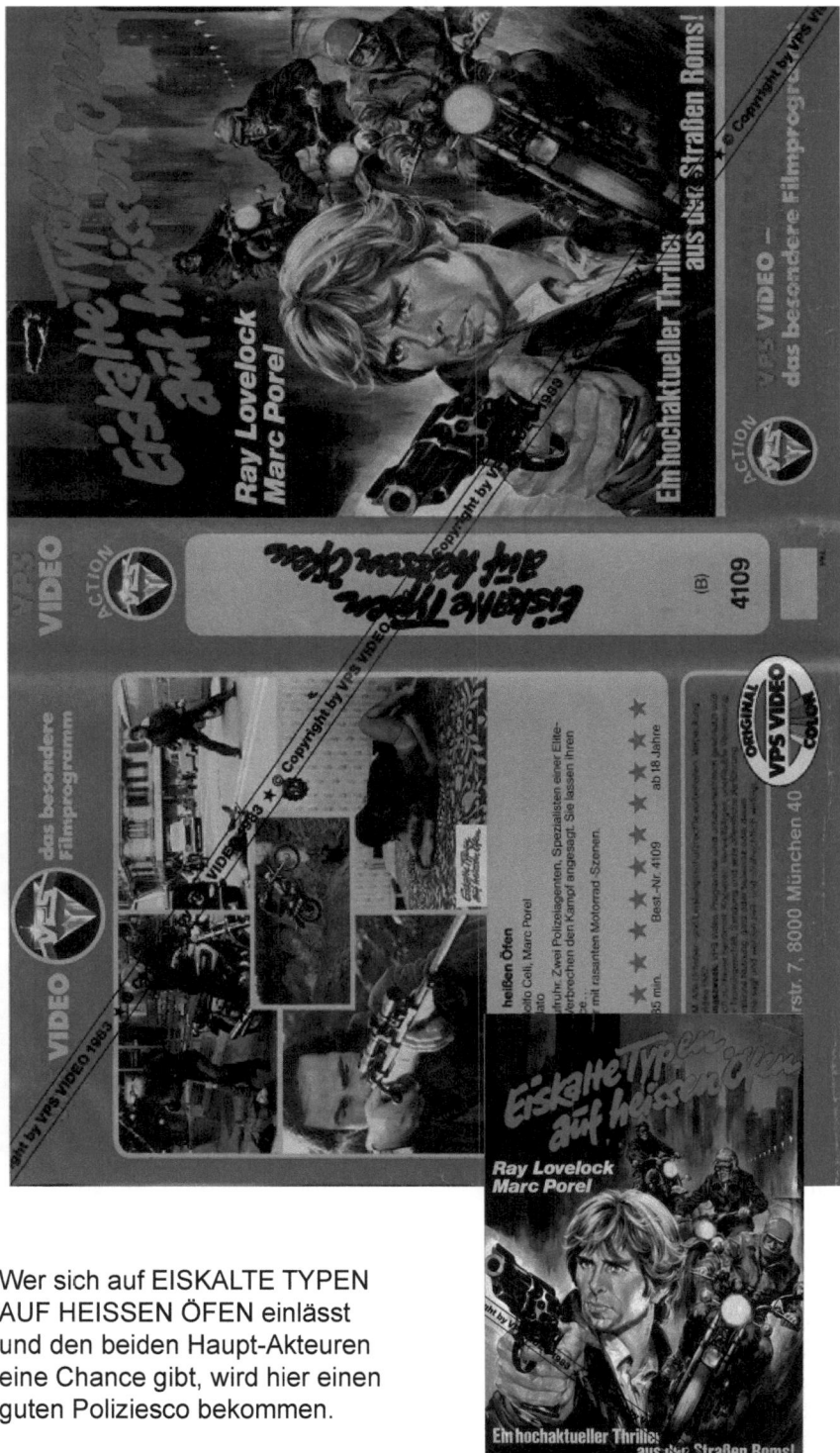

Wer sich auf EISKALTE TYPEN
AUF HEISSEN ÖFEN einlässt
und den beiden Haupt-Akteuren
eine Chance gibt, wird hier einen
guten Poliziesco bekommen.

Wild Drivers (1975)

VON STEFAN BÖSE

Sommer 1958: Bo (Nick Nolte) und Harley (Don Johnson) sind auf dem Weg nach Kalifornien, um mit ihrem aufgemotzten Chevy 57 namens „Lissy" am Grand National teilzunehmen. Um das Startgeld von 300 Dollar aufbringen zu können, bestreiten sie lokale Straßenrennen. Als sich ihnen die gerade gefeuerte Kellnerin Junell (Robin Mattson) anschließt, gerät der ursprüngliche Plan allerdings ein wenig aus den Fugen. Diese hat es nämlich faustdick hinter den Ohren und bessert die Reisekasse auch gerne mal mittels Schusswaffe auf. Von Polizei und Provinz-Rowdies gejagt, gestaltet sich der Weg nach Kalifornien immer schwerer...

Quietschende Reifen, Benzingestank und aus dem Radio erklingen Rock´n Roll Songs von Chuck Berry und Künstlerkollegen aus den 50er. Dazu Mädels mit Röcken und langen Pferdeschwänzen in College-Kleidung, ein verschlafenes Nest im Süden der USA und perfekt ist die Zusammensetzung für WILD DRIVERS (1975).

Ein Road - Movie aus den 70er Jahren, der in den 50er Jahren spielt. Regisseur Richard Compton schuf mit WILD DRIVERS dieses Werk. Eher im Serienfach daheim, zählt WILD DRIVERS zu einem seiner

Vergessen war gestern, wir sprechen darüber!

wenigen, aber durchaus sehenswerten Spielfilmen. Zu seiner Laufbahn als Regisseur zählen Serien wie BAYWATCH, BABYLON 5 und MIAMI VICE, um nur ein paar zu nennen.

Für die Hauptrollen des flotten Road-Movies wurden zwei junge Schauspieler engagiert, die noch am Anfang ihrer langen und erfolgreichen Karriere standen. Nick Nolte und Don Johnson. Beide sind großartige Schauspieler, die später in Dutzenden Werken und Produktionen ihre Rollen bekamen. Sei es Action, Drama, Thriller, oder auch diverse Auftritte in den verschiedenen TV-Serien - sie avancierten zu den ganz Großen in Hollywood. WILD DRIVERS ist flott und auch die Story schreitet in großen Schritten voran.

Somit kommt beim Zuschauer keine Langeweile auf und

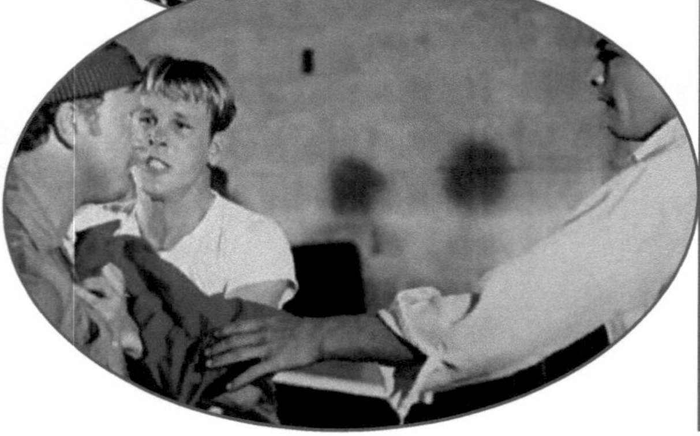

man entwickelt recht schnell Sympathie für die einzelnen Charaktere. Mit beeindruckenden Sets, Kostümen, Frisuren und den heißen, frisierten Cadillacs und Fords schuf Regisseur Compton einen Trip in die Vergangenheit. Allen voran der knallgelbe Cadillac von Don und Nick ist nicht nur für die Ohren eine wahre Freude.

Auch wenn eine kleine Romanze in den Plot integriert wurde, so nimmt sie nur einen kleinen Teil der Laufzeit ein. Man erlebt Konfrontationen mit anderen jungen Leuten. Illegale Autorennen und eine Verfolgungsjagd mit der hiesigen Polizei über die Staatsgrenze hinaus sorgen für gute Unterhaltung.

Kleine Information am Rande: Im Film WILD DRIVERS hat Don Johnson die deutsche Synchronstimme von Tommy Piper. Erst Jahre später wurde diese Stimme dem Schauspieler Nick Nolte zugeteilt.

Highway Cowboys

Ein Stuntman und zwei seiner Geschwister bleiben, weil ihnen der Bus geklaut wird, in Texas hängen. Eine Farm wird ihr vorübergehendes Zuhause. Dort entwickeln sich dramatische Ereignisse: aus einer Liebesaffäre entstehen falsche Beschuldigungen, Mordversuche, Vergewaltigung und ein Motorradrennen auf Leben und Tod. Erst nachdem sie ihren Bus wiederhaben und nach einer Verfolgungsjagd durch Texas dürfen die drei sich wieder sicher fühlen. Action, Country und Western Music und eine starke Liebe sind die Zutaten für gute Unterhaltung.

Darsteller: PRISCILLA BARNES, MITCH VOGEL, LINDSAY BLOOM, R. G. ARMSTRONG, KATHY O'DARE, ANTHONY JAMES. · Regie: HICKMET AVEDIS

Farbfilm – Laufzeit: 88 Minuten
Keine Vermietung oder Verkauf an Kinder und Jugendliche

VMP video medien pool

VMP Video Medien Pool GmbH · Frankfurter Ring 115 · 8000 München 40

Highway Cowboys

VM-HIFI-QUALITÄT

Bestell-Nr.
6228

VCB VHS

CAMERON MITCHELL
HIGHWAY COWBOY

UNCUT
ungeschnitten

Hello, goood-bye Texas

Regie HICKMET AVEDIS Produktion HICKMET AVEDIS Musik FLO & EDDIE

Ein Stuntman und zwei seiner Geschwister bleiben, weil ihnen der Bus geklaut wird, in Texas hängen. Eine Farm wird ihr vorübergehendes Zuhause.Dort entwickeln sich dramatische Ereignisse: aus einer Liebesaffäre entstehen falsche Beschuldigungen, Mordversuche, Vergewaltigung und ein Motorradrennen auf Leben und Tod. Erst nachdem sie ihren Bus wiederhaben und nach einer Verfolgungsjagd durch Texas dürfen die drei sich wieder sicher fühlen...

Die weiten und langen Highways durch die Staaten der USA - sie versprechen Freiheit, Ungebundenheit und viel Einsamkeit. Doch sie beherbergen auch vielerlei Gefahren und können so manche Reisende in extreme Schwierigkeiten bringen. Dies müssen unsere drei jungen Menschen erleben, die mit ihrem Van auf dem Weg nach Nashville / Texas unterwegs sind, um dort musikalisch voll durchzustarten. Doch eine Gruppe entflohener Sträflinge nehmen ihnen ihr Gefährt weg und setzen sie einsam auf dem Highway aus. Die drei geraten an einen hilfsbereiten Mann, der ihnen die Möglichkeit bietet, auf einer Farm unterzukommen, um erst mal den Schock zu verarbeiten. Doch dieses Angebot ist nicht ohne Hintergedanken.

Highway Cowboy (1978)

Der Film „Highway Cowboy", der im Original „Texas Dertour" heißt, ist ein Film aus dem Jahr 1978, der verschiedene Genres miteinander vereint. Sei es Drama, Action oder Krimielementen. Unter der Regie von Howard Avedis, der hierzulande recht unbekannt ist, entstand der Film. Zu seinen weiteren Werken aus seiner Laufbahn als Regisseur stammen noch Filme wie „Zum Töten verführt" (1984), „The Fifth Floor" (1978) und „The Specialist" (1975). Unter anderem war er auch als Drehbuch-Autor tätig und verfasste ein paar Drehbücher. Zudem trat er auch als Produzent in Erscheinung und sorgte für die Umsetzung seiner Drehbücher.

Der Zuschauer bekommt eine gute Mischung der Genres geboten. Die Geschichte des Films ist sehr unterhaltsam und nur wenige uninteressante Dinge geschehen. Die Story schreitet in einem guten Tempo voran und auch die deutsche Synchronisation kann sich sehen bzw. hören lassen. Gute Dialoge und die ausgewählten Stimmen passen sehr gut zu den einzelnen Charakteren im Film.

Wir bekommen etwas Action geboten, wie ein paar Verfolgungsjagden, einem Rennen auf Motor-Cross Maschinen und ein paar Keilereien, sowie Messerstechereien. All diese Szenen sind sehr stimmig umgesetzt und wirken in keinster Weise

amateur- oder stümperhaft. Sie fügen sich gut der Story an und verhelfen ihr zu einem hohen Unterhaltungsfaktor. Zu dem bekommen wir auch noch etwas Romantik und Erotik geboten, mit einem Hauch von Nacktheit und einer Liebesaffäre verschiedener Charaktere. Unterstrichen wird die Story noch vielen Krimi-Elementen wie Verleumdungen, Beschuldigungen und versuchten Vergewaltigungen, ohne dabei ins Lächerliche und Unglaubwürdige abzudriften.

Auffallend in der Rolle des Beau Hunter ist Schauspieler Anthony James. Eine markante Erscheinung, bekannt aus vielen Filmen und Serien-Auftritten. Sei es aus „Quincy", „Knight Rider" oder auch „Ein Colt für alle Fälle". Zudem reihen sich noch Filme wie „Dark Angel" (1988), „Unternehmen Entebbe" (1976) und „Lost World – Die letzte Kolonie" (1987) nahtlos ein. Im Jahr 2020 verstarb er an seiner Krebs-Erkrankung im Alter von 77 Jahren.

Als sein Vater im Film „Highway Cowboy" tritt Cameron Mitchell in Erscheinung. Er mimt im Film einen Farminhaber, der das wilde Treiben seines Sohnes (Gewalt) und seiner Tochter (sexuelle Eskapaden) kaum duldet und auch schon mal zu unkonventionellen Mitteln greift. Mitchell ist ein sehr bekanntes Gesicht in der Filmbranche gewesen und hat eine beachtliche filmische Laufbahn hinter sich. Im Jahr 1994 verstarb er im Alter von 75 Jahren.

In die Rolle der Claudia, die Tochter des Farm-Inhabers, schlüpfte die Schauspielerin Priscilla Barnes. Die heute 66 jährige kann ebenfalls auf eine abwechslungsreiche und beachtliche Filmlaufbahn zurückblicken. Sie spielte unter anderem auch in „007 – Lizenz zum Töten" (1989) an der Seite von Timothy Dalton mit. Zu ihren weiteren bekannten Produktionen zählen Filme wie „Vatertag" (1992), „Lords of the Deep" (1989) und „Traxx" (1988). Ebenfalls war sie in diversen TV-Serien für kleinere Rollen sehr aktiv und auf der Mattscheibe präsent.

„Highway Cowboy" ist ein sehr unbekannter Film aus den 70er Jahren und war lange Zeit nur auf VHS in Deutschland verfügbar. Das Label „Big Cinema / Cargo Records" brachte den Film nun als DVD in den Handel. Sie bietet ein gutes Bild in Breitwand-Optik. Zwar keine DVD Qualität, aber durchaus schaubar und ertragbar. Außerdem hat sie eine gut klingende deutsche Tonspur. Nur wenig rauschen und knistern ist hörbar. Wer gerne mal unbekanntere Filme schaut und einen echten Geheimtipp sucht, sollte nach „Highway Cowboy" die Augen und Ohren aufhalten.

Nachdem ich mir das Cover und die Filmbeschreibung zu BLUE HEAT durchgelesen hatte, war ich vorsichtig! Das hört sich doch mal wieder nach einer Standard - Story im Cop Bereich an. Dennoch wirkte es faszinierend auf mich, denn Brian Dennehy, der sonst eher die fiesen Rollen in diversen Filmen übernahm, soll hier einen toughen Cop mimen. Das allein ist schon eine Empfehlung wert.

Dann stellte ich durch Recherche noch fest, das es sich um einen ONLY VHS Kandidaten in Deutschland handelt und somit hatte der Film meine Neugier fest im Griff: Die VHS-Cassette wanderte in den Rekorder.

BLUE HEAT ist ein Actioner mit Thriller-Elementen aus dem Jahr 1990. Unter der Regie von John Mackenzie, der uns schon Filme wie RIFFI AM KARFREITAG (1980) und DIE SATANSBRUT (1971) bescherte, war für diesen Cop-Streifen verantwortlich. Das Resultat kann sich durchaus sehen lassen. Auch wenn BLUE HEAT mit ein paar Macken und Schwächen zu kämpfen hat, so kann er in der oberen Liga der Cop-Streifen ordentlich mitmischen.

Story technisch bewegt sich BLUE HEAT auf dünnem Eis. Zu oft wurde die Thematik von Cops, die nach einem Einsatz, der nicht so ablief, wie die Vorgesetzten es sich wünschten, knallhart suspendiert werden. Noch dazu kommt, das sie eine Verschwörung aufdecken, wo natürlich andere Kollegen und höhere Tiere im Ministerium verwickelt sind. Das ist alles nicht neu, und man konnte dieses Storygerüst schon dutzende Male begutachten.

Doch BLUE HEAT kann mit guter Action und ordentlich Krawall punkten. Zwar beschränken sich diese Gewalteskapaden mehr am Anfang und am Ende des Films, doch dafür sind sie ordentlich. Hier rattern die Maschinenpistolen aus allen Rohren und die vollautomatischen Waffen ballern so einige Magazine leer. Natürlich runden gewaltige Explosionen das Zusammenspiel ab.

Gut Punkten kann BLUE HEAT noch mit seinem Cast. Brian Dennehy als harten, alteingesessenen Cop, Joe Pantoliano als Technik- und Waffenexperte, Jeff Fahey als Ladykiller der alten Schule, und Bill Paxton in der Rolle als Neuling im Polizeijob. Klingt doch nett, oder?

VHS
NEVER FORGET

Die einzelnen Charaktere sind sehr ausgiebig und vor allem humorvoll mit den verschiedensten Einstellungen zum Job, Familie und Kollegen in Szene gesetzt worden. Sie bekommen viel Tiefgang spendiert, was in dem Genre eher eine Ausnahme darstellt. Durch die ausgiebige Heranführung an den

Füssen liegen haben, ist schon eine Augenweide. Zudem kann die Action, die zwar eher mäßig im Film vorhanden ist, dafür sehr effektvoll einiges wieder ausbügeln. Für Action und Thriller Freunde ist ordentlich Potenzial vorhanden.

Bislang

VON STEFAN BÖSE

Zuschauer fiebert man förmlich mit den einzelnen Charakteren mit.

BLUE HEAT ist zwar ein einfacher, dafür aber funktionierender Cop-Thriller. Allein die Inszenierung und die Debatten innerhalb der supendierten Cops, wo sie 22 Millionen US-Dollar vor ihren

ist der Film in Deutschland nur auf VHS erschienen. Gelegentlich wird BLUE HEAT im Free TV ausgestrahlt, dann jedoch leider zu einer sehr späten Sendezeit. Doch Augen aufhalten, der Film lohnt allemal!

Vergessen war gestern, wir sprechen darüber!

unter www.film-retro-shop.de
Handy/WhatsApp 01511 4993549
WIR KAUFEN EURE VHS AN !
email: hendrik@film-retro-shop.de

BE KIND REWIND

$1.00 CHARGE IF NOT REWOUND

Retro Samstag an je-
dem ersten Samstag im
Monat 14-18 Uhr
Lübbecker Str. 206a,
325854 Löhne

Beim Film „Operation Osaka",
oder auch im Original mit dem
Titel „Girls of the White Orchid"
versehen, handelt es sich um
einen Fernsehfilm, der extra für das
amerikanische TV produziert wurde.
Er entstand in einer Zeit, als ernste
Themen noch mit Hilfe von Filmen
und Serien den Massen näher
gebracht wurde. Das Internet und die
Mobilfunk-Industrie befanden sich
noch in der Entwicklung. Basierend
auf wahren Ereignissen soll sich die
Story des Films zugetragen haben.
Ob es nun genau um diese Frau
und ihre Erlebnisse ging, ist nicht
belegt, aber laut Medien wurden in
der Vergangenheit des Öfteren so
Frauen angelockt, um am anderen
Ende der Welt ihren Erfolg zu krönen
– jedoch mit tiefer Enttäuschung und
Abrutschen ins Rotlicht-Milieu.

Regisseur Jonathan Kaplan
inszenierte 1983 diesen Film für
das amerikanische Fernsehen.
Der französische Regisseur war
für einige bekannte Werke auf dem

Von überall her strömen sie nach
Tokio - junge, sexy Girls, die von
glizerndem Glamour im Show
Business träumen. Die schreckliche
Wahrheit ist aber ein ganzes Stück
härter: sie werden von der Yakuza -
der japanischen Mafia - als sexuelle
Sklaven gehandelt. Carol befindet
sich schon in höchster Gefahr. Ihr
Traum von Hollywood ist längst zu
einem üblen Alptraum von Japan
geworden. Ihr Freund, ein knallharter
Kampfpilot und Fighter, sucht sie
verzweifelt und kann sie gerade
noch im letzten Augenblick befreien
- aber der Kampfgeist der Yakuza ist
entfacht.

Regiestuhl aktiv und begeisterte viele
Menschen mit seinen Werken. So
wie bei vielen anderen Regisseuren,
sind auch eher unbekannte Werke
vorzufinden, die sich teilweise bis
heute im Verborgenen befinden, oder
zumindest eine VHS Auswertung
genießen konnten. Zu seinen
weiteren Werken in seiner Laufbahn
als Regisseur tauchen Titel wie
„Chicago Poker" (1974), „Mister
Billion" (1977) und „Projekt X" (1987)
auf. Nicht zu vergessen „Fatale
Begierde" aus dem Jahr 1992.

Operation Osaka (1983)

In erster Linie ist „Operation Osaka" eine Mixtur aus Drama und Krimi-Anleihen, das Cover und die Rückansicht suggeriert jedoch einen sleazigen und brutalen Exploitation-Streifen vor, die er jedoch nicht ganz erfüllen kann. Mit viel Ruhe und Verstand werden dem Zuschauer die einzelnen Charaktere näher gebracht. Man erfährt viel über ihr Leben, ihre Jobs und vor allem ihre Wünsche und Ziele die sich gesetzt haben. Die Story springt von den USA bis hinüber nach Tokyo – man bekommt beide Seiten der Story regelrecht aufgedrückt und präsentiert. Schonungslos wird dem Zuschauer vermittelt das die amerikanischen Frauen alle gleich ticken und die Japaner alles fiese

Gestalten seien. Nun dieses Schaubild entspricht nicht der Realität und wurde wahrscheinlich extra für den TV-Film so geschrieben um die Dramatik anzuheben.

Es vergeht leider viel Zeit bis die Story richtig in Schwung kommt, zu lange wird darauf gewartet bis die Geschichte ihren bitteren Beigeschmack bekommt. Der Traum und der Wunsch erfolgreich als Sängerin und Tänzerin im Ausland zu arbeiten lässt die Naivität bis ins Grenzenlose steigen.

VHS
NEVER FORGET

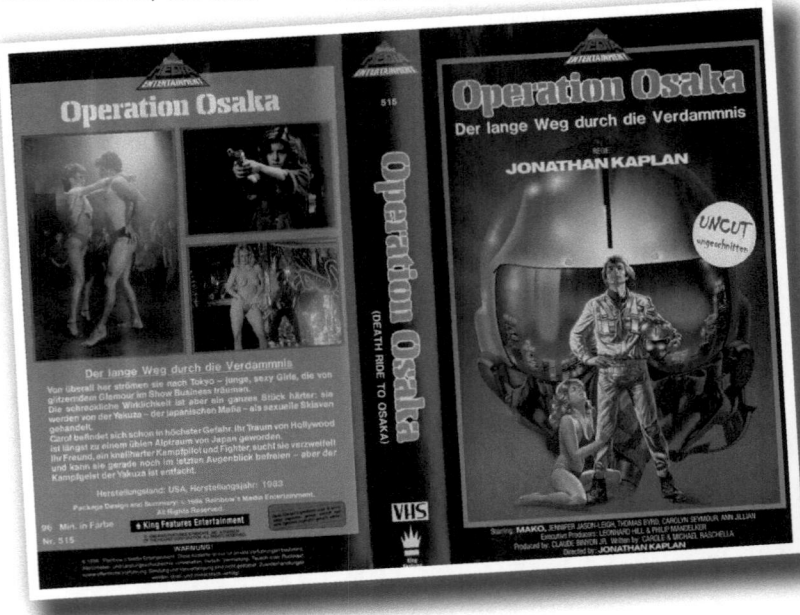

VON STEFAN BÖSE

Ohne groß zu hinterfragen, begeben sich die Frauen auf den unbekannten Trip und werden selbst bei einem One-Way Ticket nicht stutzig. Dem Zuschauer wird klar gemacht, das die Yakuza hinter solchen Machenschaften stecken, um sich an den amerikanischen Frauen zu bereichern. Ob das nun der Wahrheit entspricht, kann niemand genau sagen. Man kann selbst darüber urteilen, inwieweit welche Methoden sich an der Tagesordnung befinden.

Vieles wirkt

Vergessen war gestern, wir sprechen darüber!

sehr zurückhaltend. Man wartet förmlich auf den Drive der Story und das es hier zur Sache geht. Stattdessen bekommen wir ein paar Damen gezeigt, die in knappen Outfits durchs Bild huschen, oder sich auf einer Bühne in einer schmuddeligen Bar beweisen wollen oder müssen. Der wesentliche Punkt der Story, das sich der Freund der jungen Frau auf die Suche nach ihr macht, wird viel zu harmlos und unspektakulär in Szene gesetzt. Er agiert lediglich

mit der hiesigen Polizei und nimmt sich den Mittelsmann in den USA vor. Man starrt gebannt auf die Mattscheibe und wartet darauf, das er seine Wumme auspackt und mal in Tokyo richtig aufräumt – leider Fehlanzeige!

In die Rolle der jungen Carol schlüpfte Jennifer Jason Leigh – ein bekanntes und attraktives Gesicht der letzten Jahrzehnte. Sie spielte in vielen bekannten Filmen mit und hinterließ einen bleibenden Eindruck. Im Film „Operation Osaka" mimt sie die junge Carol, die sich als Kellnerin durchs Leben

beißt und hofft, im Ausland eine große Karriere als Sängerin zu machen. Das sie in einen Ring aus Sex, Gewalt und Prostitution gerät, ahnt sie nicht. Die Naivität steht ihr förmlich ins Gesicht geschrieben.

Der Film ist zu brav, zu harmlos und spielt nicht alle Möglichkeiten aus. Selbst für das amerikanische Fernsehen hätte man eine Schippe Action hinein packen können. Somit wirkt die Story recht amateurhaft und wenig spektakulär. Dabei scheint es sich ja immerhin um ein zeitloses Thema zu handeln. Zum Ende des Films bekommt man etwas Action mit Hilfe einer Schlägerei und Schießerei geboten, doch so schnell sie auch eintritt, so schnell ist auch alles wieder vorbei. Interessant ist: Wenn man sich mit der Yakuza einlässt, ist alles so einfach und alles geht schnell über die Bühne. In Deutschland ist „Operation Osaka" nur auf VHS erhältlich, im Ausland ist er zumindest auf DVD erschienen. Für TV-Krimi Fans der seichten Art, die auch etwas Dramatik verkraften können, ist der Film sicherlich eine Sichtung wert. Wer jedoch einen harten, sleazigen Streifen mit viel nackter Haut erwartet, wird dumm aus der Wäsche schauen. Wer sich erhofft, Jennifer Jason Leigh mit viel nackter Haut zu sehen, wird ebenfalls enttäuscht sein.

Haie der Großstadt (1961)

VON STEFAN BÖSE

PAUL
NEWMAN
IN ROBERT ROSSENS
Haie der Großstadt
THE HUSTLER
JACKIE
GLEASON
ALS "MINNESOTA FATS"

Eddie Felson ist ein zynischer und leidenschaftlicher Billardspieler, der in den Billardhallen der Großstadt unerfahrenen Spielern das Geld abjagt. Doch seine Gedanken kreisen nur um ein Ziel: Er will endlich den Landesmeister Minnesota Fats, besiegen. Ein Match gegen den Profi endete für Eddie einst in einer Katastrophe. Mit Hilfe der Alkoholikerin Sarah und dem Manager Bert Gordon will Eddie noch einmal den Kampf gegen Minnesota aufnehmen, ganz gleich welchen Preis er dafür bezahlen muß.

Der Film „Haie der Großstadt" aus dem Jahr 1961 ist eine Mischung aus Drama und Sportfilm. Manche werden nun vielleicht sagen - was hat Billard mit Sport zu tun? Ja, zugegeben hat diese Sportart den Ruf einer Kneipen-Sportart ähnlich wie der Dart-Sport. Billard erfreute sich jedoch großer Beliebtheit. Und heutzutage kann man gut Geld damit verdienen. Regisseur Robert Rossen inszenierte einen ansprechenden und unterhaltsamen Film mit Hauptaugenmerk der Dramaturgie, schön verpackt mit Billard-Spielen in den dunklen, verrauchten und nach Alkohol riechenden Billard-Hallen Amerikas der 60er. Hier trafen sich Menschen zum vergnüglichen Spielen, sowie Abzocker und Betrüger, um den Leuten ihr hart verdientes Geld aus der Tasche zu ziehen.

Gebannt starrt der Zuschauer

auf die Mattscheibe und verfolgt aufmerksam das Billard-Match zweier Kontrahenten. Fast eine halbe Stunde kann man gespannt dem Spiel zusehen und denkt sich: „Werde ich noch mehr solcher Szenen zu Gesicht bekommen"? Was taugt die Story des Films? Da erblickt man den charismatischen und smarten Schauspieler Paul Newman. Schon sind seine anderen großartigen Filme präsent: Sei es „The Bronx" (1981), „Schlappschuss" (1971), oder auch „Zwei Banditen" (1969). Alles sehr ansprechende und unterhaltsame Filme mit ihm. Natürlich umfasst seine Filmographie noch weitaus mehr, ich möchte aber lediglich ein paar Spontane Einfälle mit ihm nennen und keine stumpfe Auflistung betreiben. Dann kann „Haie der Großstadt", der im Original „The Hustler" heißt, nicht schlecht sein.

Das ist er auch nicht, denn Newman spielt nicht nur seinen Charakter Eddie Felson, er ist auch Eddie Felson: Ein smarter junger Mann, der von Kneipe zu Kneipe zieht, um den Leuten das Geld aus der Tasche zu ziehen. Vorzugeben, man sei ein mieser Spieler, um im späteren Verlauf der Partien sein wahres Können zu zeigen und die Menschen förmlich abzuziehen. Die Skrupellosigkeit und Emotionslosigkeit steht ihm ins Gesicht geschrieben. Ein schlechter Verlierer, der vor allem nicht weiß, wann der beste Zeitpunkt ist aufzuhören,

bekehren? Er ist ein Egomane, kein Sympathieträger – erst im späteren Verlauf wandelt sich seine Erscheinung.

Schauspielerin Piper Laurie spielt im Film die Rolle der Sarah. Eine Frau, die an Eddies Seite steht und versucht, ihn auf den rechten Weg zu bringen. Sie möchte mit ihm eine gemeinsame Zukunft aufbauen, doch auch sie besitzt viele Schwächen und kommt nicht gegen den starken Willen Eddies an. Sie kann nicht verhindern, das er sich zum Spielball wandelt und seine Wünsche und Bedürfnisse

wenn einem das Glück und Talent im Stich lässt. Er kommt in Schwierigkeiten mit anderen miesen Vertretern, die ebenfalls unfaire Gedanken hegen, ihn für Ihre Zwecke missbrauchen und ihn mit einem lächerlichen Anteil auszahlen. Muckt man auf, oder zahlt seine Spielschulden nicht, bekommt man schon mal die Daumen gebrochen. Kann die Frau, die in sein Leben tritt, ihn Wachrütteln und

über den Haufen wirft. Durch ihre Schwäche begeht sie einen großen Fehler und setzt Eddie ordentlich zu.

In einer weiteren Rolle als Billard-Spieler tritt Jackie Gleason in Erscheinung. Ihn kennt man vor allem aus „Ein Ausgekochtes Schlitzohr" aus dem Jahr 1977 als Sheriff Bufford T. Justice. Doch umfasste seine Laufbahn

als Regisseur weitaus mehr Filme. Schon in den 40er Jahren startete seine Karriere und wurde 1987 durch den Krebs beendet. Zu seinen weiteren Filmen zählen Titel wie „Der Wüstenfalke" (1950), „Die Faust im Genick" (1962) und „Der Spielgefährte" (1982), um nur wieder ein paar Beispiele zu nennen. In „Haie der Großstadt" schlüpfte er in die Rolle des Minnesota Fats.

Der Film schafft es in brillianter Art und Weise, die Geschichte und das Schicksal des Haupcharakters herauszuarbeiten und lässt den Zuschauer mit Eddie Felsons Lebensgeschichte mitfiebern.

Was „Haie der Großstadt" neben seiner genialen Inszenierung, dem grandiosen Drehbuch, den souveränen Darstellern, den glaubwürdigen Charakteren, ihren echten und authentischen Dialogen, sowie ihrer Entwicklungen auszeichnet, ist seine Atmosphäre: Perfekter geht es kaum. Rossen achtet auf jedes Detail, und das macht „Haie der Großstadt" zu einem absoluten Meisterwerk. Zu einem Ausnahmewerk, das den Genreklassiker „Cincinatti Kid" beeinflusste und noch heute als Vorbild jeglicher Zockerfilme dient. Martin Scorses inszenierte 1986 das Sequel „Die Farbe des Geldes" mit Tom Cruise in der Hauptrolle, sowie Paul Newman in der Rolle des Eddie Felson. Die Geschichte wird hier ebenfalls gekonnt weiter gestrickt und dem Zuschauer näher gebracht, erreicht jedoch nicht die Qualität des Vorgängers.

Operation: Hot Water (1985)

VON STEFAN BÖSE

Der Regisseur Jim Hanley drehte 1985 seinen zweiten Film „Operation: Hot Water" (im Original „Junior"). Der Film ist eine Mixtur aus Women in Prison (WIP), Rape´n Revenge und einer leichten Action-Komödie. Viele stufen den Film im Horror-Splatter Genre ein, was jedoch meiner Meinung nicht zutreffend ist. Zwar sind im späteren Verlauf ein paar härtere Szenen zu sehen, jedoch reichen diese nicht für ein wahres Splatterfest aus. Zudem kommt noch, dass das Horror-Genre hier nur angekratzt wird. Die Rolle eines eines Wahnsinnigen erinnert etwas an „Texas Chainsaw Massacre" von 1974.

Schon zu Beginn des Films bekommt man recht schnell einen Eindruck, was einen noch im späteren Verlauf erwartet. Die beiden attraktiven jungen Frauen kommen aus dem Gefängnis und haben schon eine bedrohliche Situation mit einem ehemaligen guten Freund zu meistern. Aus dem Gerangel wird eine Entführung des Autos und der Diebstahl von einem Bündel Bargeld. Um genau zu sein: 1700 US-Dollar. Die beiden haben das Ziel, das Geld für Ihren Traum in einen Imbiss an einem gut besuchten Badesee zu investieren. Jedoch haben sie nicht mit den jungen Männern am See gerechnet, die ihnen ihren

Traum nur allzu sehr erschweren und ganz andere Ideen und Fantasien entwickeln.

Spielend leicht wechselt das Genre zwischen Action und Rape´Revenge hin und her. Sobald die Gruppe der Männer die Damen in ihrer Hütte belästigen, geht die Hetzjagd los. Das Rape´n Revenge kommt zum Vorschein. Der Zuschauer wird Zeuge, wie sehr die Männer die Frauen bedrängen und belästigen, um ihnen an die Wäsche zu gehen. Das diese Auseinandersetzung nicht ein einmaliges Unterfangen wird, ist selbstredend nachvollziehbar. Die Männer versuchen immer wieder, die Frauen zu bedrängen, um sie ins Gebüsch zu ziehen und ihnen die sexy, kurze Kleidung zu entreißen. Die Abwehrszenen der Damen bieten eine gute Mischung an Möglichkeiten, sich den Belästigungen der Männer entgegen zu stellen. Sei es mit einer Holzlatte, oder auch mal die Schrottflinte, die sie aus dem geklauten Auto haben. Auch dürfen mal Molotow-Cocktails durch die Gegend fliegen. Abgerundet werden viele Szenen noch durch diverse Action-Sequenzen auf dem Wasser mit Hilfe von Schnellbooten, als auch einem Hausboot.

„Operation: Hot Water" bietet zudem eine gute deutsche Synchronisation. Die Auswahl der Stimmen ist sehr treffend und in keinster Weise störend oder Amateurhaft umgesetzt worden.

„Da ich schon mal nass war, dachte ich, gehe ich schwimmen" - Zitat aus dem Film.

Das Tempo der recht einfach gestrickten Story schreitet in einem gut gewählten Tempo voran und wechselt von ruhigen Szenen und Dialogen zu schnellen Action-Szenen. Untermalt werden diese Szenenfolgen noch mit einer stimmigen Soundauswahl. Von Rock-Musik bis hin zur Country-Musik ist fast alles vertreten, kein Musikstück drängt sich dem Zuschauer auf und wird nervig.

Auch was die Kameraeinstellungen angeht, wurde hier nicht Amateurhaft gearbeitet. Die Kamera ist immer mitten drin im Geschehen und fängt zudem noch die Idylle des Sees und der großen Hütte ein. Die Hütte ist zudem noch sehr ansprechend und detailreich bestückt worden, der Wohlfühlfaktor ist gegeben. Bei diversen Einstellungen ist die Kamera nahe dran, vor allem bei der seichten Sex-Szene und einer Szene, in der sich eine der

Damen in der Sonne räkelt. Diese Einstellungen mitsamt der dazu gewählten Musik erinnern sehr stark an Erotik-Clips der 80er. Auffallend ist sowieso, das die Damen immer leicht bekleidet, oder sogar nackt durchs Bild huschen und dem Zuschauer somit noch einen Appetithappen bieten.

Einer der Männer aus der Gruppe hegt ein besonders Geheimnis. Er mimt den starken Mann, den nichts erschüttern kann. Jedoch ist er Zuhause bei seiner Mutter ein Mutter-Söhnchen und spielt den kleinen Jungen, mit dem keiner spielt und den alle nur ärgern. Doch seine Wut und sein Wesen mutieren im Laufe der Ablehnungen, die er von den Frauen zu spüren bekommt. Bis seine Gefühle explodieren und er sich mit Hilfe einer Kettensäge an die Wäsche der Damen macht. Hier kommt die kleine Anlehnung an „TCM" zu Gesicht: Das Haus wird mit einer Kettensäge sehr stark beschädigt und der erbitterte Kampf um Liebe entbrennt. Sein Spitzname in der Gruppe lautet „Junior"

Vergessen war gestern, wir sprechen darüber!

was auf den Originaltitel zurückzuführen ist.

Die Schauspielerinnen Suzanne DeLaurentiis und Linda Singer mimen die beiden attraktiven Damen, die gerne zeigen, was sie zu bieten haben. Beide sind eher unbekannt und spielten nur in wenigen hierzulande relativ unbekannten Filmen weitere Rollen. Suzanne DeLaurentiis, die immerhin Produzentin bei Rocky V war, kann noch auf eine bekannte Laufbahn zurückblicken.
Bislang ist „Operation: Hot Water" in Deutschland nur auf VHS erhältlich. Diese ist sehr stark gekürzt und stand bis 2013 sogar auf dem Index. Im Februar 2022 erscheint der Film ungekürzt im Vertrieb von „Maritim Pictures / Cargo" zumindest auf DVD.

Fazit:
Eine kleine feine Perle unter

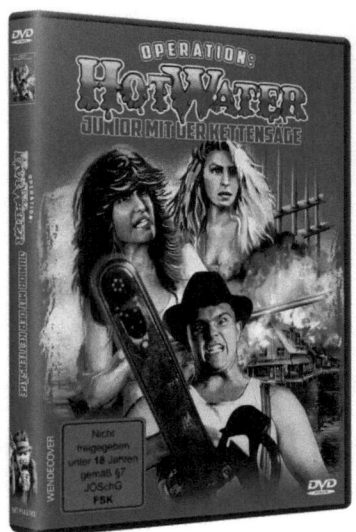

den Rape´n Revenge Streifen. Man darf gespannt sein, wie die DVD ist. Zum Beispiel, ob sie ungeschnitten ist, denn viele Szenenfolgen bleiben im Verborgenen und man sieht die

Verletzungen nicht. Die Schnitte sind an manchen Stellen sehr deutlich zu erkennen.

VHS
NEVER FORGET

The Ultimate Weapon (1998)

Ben Cutter erhält den letzten, riskanten Auftrag seines Söldnerdaseins: die Zerstörung eines scharf bewachten Waffenlagers. Als bei dieser gefährlichen Mission der Hubschrauber zu Bruch geht, sitzen Ben und sein Freund Dean im Lager fest. Dylan McBride, der Besitzer des Lagers, will sich mit dem Verlust nicht abfinden, und rächt sich an Ben, indem er dessen Tochter Kate entführt. Noch einmal muß der erfahrene Kämpfer all sein Können unter Beweis stellen, um Kate aus der lebensgefährlichen Situation zu befreien...

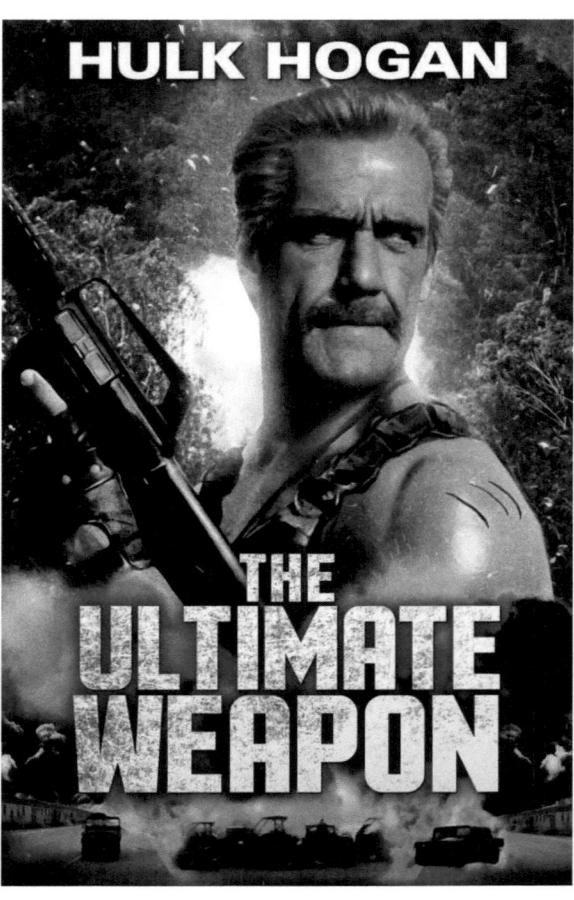

HULK HOGAN

THE ULTIMATE WEAPON

VON STEFAN BÖSE

Der Actioner „Ultimate Weapon" aus dem Jahr 1997 fügt sich gut in die Rige der B-Movies aus dem Action Genre ein. Regisseur Jon Cassar inszenierte routiniert den Streifen mit Wrestler-Legende „Hulk Hogan" in der Hauptrolle. Es war die zweite Zusammenarbeit der beiden. Zuvor drehten sie „Attack on Devills Island", später im Jahr 1998 folgte noch „Shadow Warriors – Rache um jeden Preis". Cassar begann seine Karriere als Regisseur vor allem im Serien-Sektor. Dort war er mitverantwortlich für einige Episoden bekannter TV-Serien. Dazu zählen Titel wie „KungFu – Im Zeichen des Drachen", „Nick Knight – Der Vampircop" und „Nikita". Betrachtet man seine Laufbahn als Regisseur, überwiegen die Serien-Produktionen gegenüber den Film-Produktionen.

Hulk Hogan, der blonde Hühne mit stählernen Muskeln, war schon zu Wrestler Zeiten ein Publikumsmagnet. Hogan versuchte schon des Öfteren, im Film-Business Fuß zu fassen. Andere Wrestler Kollegen machten es ihm vor, man denke da nur „Rowdy Piper": Er spielte in Filmen wie „Mr. Babysitter" (1993) sowie „Der Ritter aus dem All" (1991) mit. Aber auch seine TV-Serie „Thunder in Paradise – Heiße Fälle, coole Drinks" (1994) flimmerte auf etlichen Flimmerkisten.

Doch kann er sich auch in einem Actioner behaupten? Nun sagen wir mal so – er versuchte es! Man merkt Hogan deutlich an, das er Probleme hat, sich zu bewegen. Seine Szenen im Film wirken steif und holperig. Zudem sieht man in einigen Szenen, das er gedoubelt wurde, wo ich mich frage: warum? Er ist Profi-Sportler! Er ist Fit und Gesund und lässt sich selbst bei einfachen Stunts doublen? Gut, das könnte am Produktions-Team liegen. Vermutlich hatte man Angst, das er sich verletzt und man noch verklagt wird, weil man seiner Haupttätigkeit nicht mehr nachgehen könnte.

Storytechnisch bewegen wir uns bei „Ultimate Weapon" im klischeehaften Sektor. Eine Aneinander-Reihung der üblichen Verdächtigen, mit einer flachen und einfach strukturierten Story - die, wie man so schön sagt, Platz auf einem Bierdeckel hätte. Ein mürrischer Einzelgänger, ein Partner mit einer großen Klappe und eine Ehefrau, die möchte, das Ihr Mann mit dem Soldaten-Spielen aufhört. Dies sind nur ein paar der Klischees, die im Skript ihren festen Platz fanden.

nervig aber auch charismatisch erscheinen, wurde der Einsatz von Film-Blut vorgenommen. Wieso der Streifen eine FSK 18 Freigabe verpasst bekam, bleibt eine der vielen offenen Fragen. Auch das Styling von Hulk Hogan wirft Fragen auf: Wieso hat man ihm eine belustigend wirkende Perücke aufgesetzt? Wieso wurde sein Bart so verunstaltet? Allein diese Optischen Veränderungen sorgen für Augenbrauen zucken beim Zuschauer.

Zu Beginn des Films bekommt man eine fette Action-Sequenz gezeigt, die Lust auf mehr macht. Hier scheppert es ordentlich und die Waffen werden heiß vom wilden Geballer. Doch leider verpufft diese Erwartung und bittere Enttäuschung macht sich breit. Im späteren Verlauf des Films sind die Action-Sequenzen recht arm und vor allem Blut-Leer! Die meisten Erschossenen fallen einfach um, ohne sichtbare Verletzungen. Nur bei ein paar Widersachern, die teils

Die Story plätschert mühselig vor sich hin. Auch die Folterszenen sorgen nicht sonderlich für Aufsehen und verlieren ihre Glaubwürdigkeit. Man hofft förmlich drauf, dass das Finale des Films viele voran gegangenen Dinge wieder wett macht. Doch leider wird man auch hier enttäuscht und bekommt ein einfallsloses und vor allem abruptes Ende geboten. Da kann Cynthia Preston, die die Tochter spielt, mit ihrem sexy Hintern im Strip-Club auch nichts mehr retten.

AT THE MOVIES

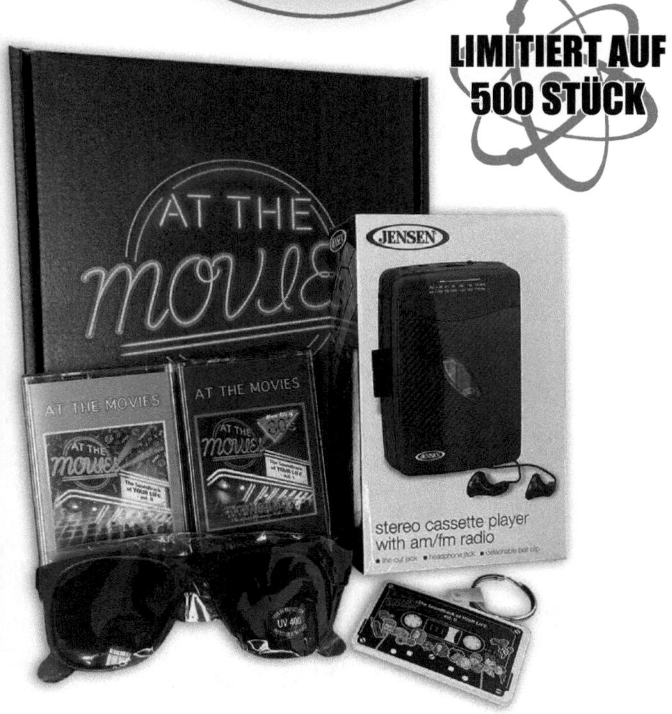

LIMITIERT AUF 500 STÜCK

The Soundtrack Of Your Life Vol. 1
CD Digipak Inkl. Bonus DVD
Colored Vinyl I Digital

The Soundtrack Of Your Life Vol. 2
CD Digipak Inkl. Bonus DVD
Colored Vinyl I Digital

AT THE MOVIES, "Soundtrack Of Your Life" Vol.1 und Vol. 2
Die besten Filmhymnen der 80er und 90er!
Mit Mitgliedern von PRETTY MAIDS, HAMMERFALL, SOILWORK, KING DIAMOND etc.
Limited Edition Box inklusive 2 Tapes, Walkman und Sonnenbrille!

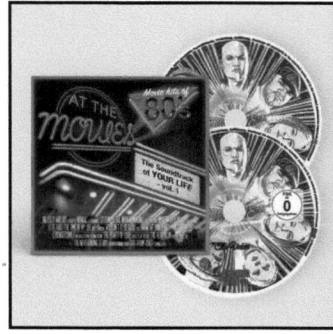

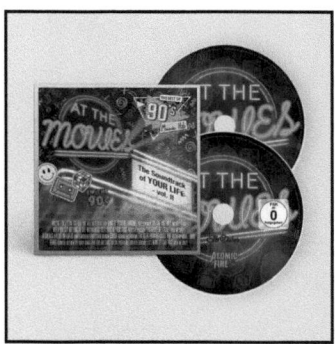

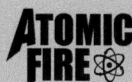

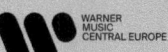

Die Braut des Prinzen (1987)

Weil sein kleiner Enkel krank das Bett hüten muss, kommt ihn der
Großvater besuchen um ihm seine Lieblingsgeschichte vorzulesen.
Dabei handelt es sich um das Märchen der „Brautprinzessin" und die
Liebesgeschichte zwischen dem Stalljungen Westley und der schönen
Buttercup. Das glückliche Paar verlebt eine wunderbare Zeit zusammen,
bis das Schiff Westleys vom furchtbaren Piraten Roberts gekapert wird.
In der Annahme, Westley sei getötet worden, schwört Buttercup der Liebe
ab, wird aber wider ihrem Willen zur Braut des Prinzen Humperdinck
erwählt. Zur Eheschließung kommt es aber nicht, weil Buttercup bei einem
Ausritt entführt und auf ein Schiff verschleppt wird...

Vergessen war gestern, wir sprechen darüber!

Oft ist es so, dass man, wenn ein Roman eine filmische Adaption erhält, man beide Werke miteinander vergleicht. Basiert der Film nur lose auf die Roman-Vorlage, oder wurden schlichtweg einige Elemente weg gelassen um die Screentime nicht ins unermessliche explodieren zu lassen? Beim Roman „The Princess Bride" von William Goldman ist es ganz anders. Erklärend kommt hinzu, dass Goldman den Roman schrieb und auch für die filmische Umsetzung verantwortlich war. Dies hat zur Folge, das man beide Werke auf eine Stufe stellen kann und nur wenige, bis kaum auffallende Veränderungen bemerkt. Wer den Roman kennt, wird vor allem auch die Zwischenkommentare im Film wiederfinden. Für die Zwischenkommentare wurden Fred Savage, bekannt aus der TV-Serie WUNDERBAHRE JAHRE und Peter Falk, besser bekannt als COLUMBO gecastet und ins Skript implementiert.

Der Film DIE BRAUT DES PRINZEN aus dem Jahr 1987 ist ein Mix aus Fantasy, Abenteuer, Komödie und Liebesfilm - mit Anleihen zum Märchen. Das Buch zum Film ist mit viel Witz und Charme geschrieben, was man im Film deutlich wiedererkennt. Viele Dialoge sind sehr ironisch, besitzen einen trockenen Humor und zaubern dem Zuschauer ein deutliches Grinsen, bzw. Schmunzeln auf die Lippe. Manche Elemente sind deutlich überzeichnet dargestellt, aber immer mit Bedacht, nicht ins lächerliche abzudriften. Das ist Goldman und auch den Schauspielern deutlich gelungen. Somit ist es heute noch sehr verwunderlich, das DIE BRAUT DES PRINZEN trotz des bekannten Casts, dem tollen Drehbuch und dem wundervoll stimmigen Soundtrack ein eher unbekannter Bekanntheitsgrad zusteht. Dabei bietet der Film keine Gelegenheit, Langeweile aufkommen zu lassen. Mit allerlei humorvollen Dialogen, absurden Situationen und Begegnungen kann der Film ordentlich punkten. Auch bleibt ihm eine gewisse Portion Ernsthaftigkeit erhalten.

Viele Szenen von DIE BRAUT DES PRINZEN wurden in England und Irland gedreht. Einige Szenen sind im Studio entstanden, vor allem aus Kostengründen. Gelegentlich sieht man den Kulissen und den abwechslungsreichen Sets den Unterschied an, doch mindert das kaum den Unterhaltungswert, den der Film versprüht. Aufwendige Kostüme wurden bis ins kleinste Detail geschneidert. Aber auch die Maskenbildner haben saubere und perfekte Arbeit abgeliefert. Wer würde sonst den Schauspieler Billy Crystal als Zausel Miracle Max wieder erkennen.

Heroes. Giants. Villains. Wizards. True Love.

Not just your basic, average, everyday, ordinary, run-of-the-mill, ho-hum fairy tale.

A ROB REINER FILM

THE

PRINCESS
BRIDE

PG

ACT III COMMUNICATIONS Presents
A REINER/SCHEINMAN Production WILLIAM GOLDMAN'S THE PRINCESS BRIDE
CARY ELWES · MANDY PATINKIN · CHRIS SARANDON · CHRISTOPHER GUEST · WALLACE SHAWN · ANDRE THE GIANT
Introducing ROBIN WRIGHT Special Appearances by PETER FALK · CAROL KANE · MEL SMITH · PETER COOK and BILLY CRYSTAL
Edited by ROBERT LEIGHTON Production Designed by NORMAN GARWOOD Director of Photography ADRIAN BIDDLE Music by MARK KNOPFLER
Executive Producer NORMAN LEAR Screenplay by WILLIAM GOLDMAN Produced by ANDREW SCHEINMAN and ROB REINER
Directed by ROB REINER   Colour by DELUXE®   Read the Ballantine paperback   Original Soundtrack Album Available on Vertigo Records

Allein die Besetzung trägt einen großen Beitrag zum Erfolg bei. Viele namhafte Schauspieler bekamen Rollen für diesen Film. Cary Elwes, Mandy Patinkin, Chris Sarandon, Christopher Guest, Wallace Shawn, Andre the Giant, Fred Savage, Peter Falk und Robin Wright sind alles bekannte Film-Größen aus den 80er und 90er Jahren aus Hollywood.

Noch ein großer Pluspunkt ist der Score von Mark Knopfler. Manche werden den Namen von der Band DIRE STRAITS kennen. Und so kann man sich sicher sein, das auch für DIE BRAUT DES PRINZEN stimmige, wohlklingende Songs geschrieben wurden. Abwechslungsreich von romantisch, fröhlich und düsterer Atmosphäre ist im Film alles vertreten. Im Jahr 1988 wurde er für den Soundtrack für einen Oscar nominiert, doch leider ging er leer aus. Somit ist es sehr verwunderlich,

das DIE BRAUT DES PRINZEN in den USA zu einem der beliebtesten Filme der 80er zählt und hierzulande eher zu den unbekannteren. Viele, die DIE BRAUT DES PRINZEN gesehen haben, sprechen ihm die Position eines Vorreiters von SHREK zu.

DIE BRAUT DES PRINZEN wird dem

Roman sehr gerecht und vermisst nur minimale Veränderungen seitens von William Goldman. Er ist eine gelungene Mischung aus Romantik, Fantasy, Abenteuer und Komödie. Eine Parodie auf das Märchen-Genre, was schon damals wie heute eher stiefmütterlich behandelt wird.

Schon vor Jahren gab es DIE BRAUT DES PRINZEN auf DVD vom Label UNIVERSUM. Doch das Bild war sehr grobkörnig und die Farben wirkten sehr blass. Dies ist besonders bei den bunten Sets und Kostümen der Darsteller aufgefallen. Nun gibt es den Märchen-Film dank Turbine Medien im neuen Glanz. Mit neuer Abtastung versehen, erstrahlt er nun in der 4K Qualität. Zwar noch mit einer minimalen Körnung, aber kaum noch spürbar. Außerdem sollte man bedenken, das jeder Film mit einer Körnung versehen ist. Statt das Bild komplett glatt zu bügeln (was dann oft einer minderen Qualität zur Folge hat und das Bild dann extrem künstlich wirkt) verzichtete Turbine auf diese Technik. Jedoch bekommen wir noch wie gewohnt sattes Bonusmaterial mit an Bord. Die Ultimate Collectors Edition ist auf 2000 Stück limitiert.

Wer sich für die Ultimate Collectors Edition entscheidet, bekommt ein wattiertes Mediabook mit einem 48 seitigen Mediabook. Dieses wurde noch mit Kunstleder überzogen und mit einer Heißluftprägung aufgewertet.

Die Optik erinnert an ein altes Märchenbuch aus Kinderzeiten. Zur Ausstattung, die bei der Collecters Edition aus einer UHD, Blu-ray und 2 DVD´s besteht, gehören noch Audiokommentare von Regisseur Rob Reiner und vom Autor William Goldman, eine Tonspur mit Soundeffekten und der Filmmusik von Mark Knopfler. Eine zweiteilige Dokumentation „Das Phänomen - Die Braut des Prinzen", Dokumentationen & Featurettes (SD), Wie Ihr wünscht: Die Geschichte; Die unerzählten Geschichten; Die Kunst des Fechtens; Märchen & Folklore; Märchen & Die Braut des Prinzen; Wunderbares Make-up; Der grausame Pirat Roberts; Cary Elwes Videoaufnahmen; Featurette & Making of (1987); Kinotrailer (USA; Deutschland; International) & TV-Spots. Das Bonusmaterial ist auf der Blu-ray Disc und Bonus-DVD enthalten und verfügt über deutsche Untertitel.

Tödliches Versteck (1989)

Da er als Kind ständig von seinen Eltern misshandelt wurde, zündete Tom (Gary Busey) eines Tages das Haus dieser an, woraufhin beide umkamen. Nach einigen Jahren in einer Anstalt für psychisch Kranke scheint Tom sich geändert zu haben und ein normales Leben zu führen. Doch als er sein Apartment verlassen muss, weil er die Miete nicht mehr zahlen kann, entscheidet er, von nun an in einem Versteck auf dem Dachboden eines leerstehenden Hauses zu leben. Dass dort bald eine junge Familie einzieht, stört ihn wenig, er träumt sogar heimlich davon Teil dieser zu werden. Doch damit es Tom gelingt nicht entdeckt zu werden, muss nicht nur der Hund der Familie sein Leben lassen.

Bei TÖDLICHES VERSTECK aus dem Jahr 1989 handelt es sich um einen TV-Thriller. Es war das Erstlingswerk des Regisseurs Matthew Patrick, wobei seine Laufbahn als Regisseur auch sehr kurz war. Auf lediglich drei Filme in Spielfilm-Länge und einem Kurzfilm hat er es gebracht. Dabei hatte er beim Film TÖDLICHES VERSTECK deutlich Talentspuren hinterlassen.

Vor allem trägt Schauspieler Gary Busey die Story des Films auf seinen breiten Schultern. Nur wenige Hauptrollen hatte Busey in seiner Laufbahn gespielt. Meist war er eher ein sehr gebuchtes und gefragtes Gesicht für allerlei Nebenrollen. Man denke da nur an seine Rolle in ALARMSTUFE ROT mit Steven Seagal oder auch SURVIVING THE GAME. Aber natürlich sollte man seine anderen Filme, in der er die Hauptrolle besetzte, nicht außer Acht lassen. Mir fällt da vor allem DER TIGER (1986) und ACT OF PIRACY (1988) ein - beides ganz große Actioner, die sich hinter A-Movies nicht zu verstecken brauchen.

In TÖDLICHES VERSTECK zeigt Gary Busey sehr eindrucksvoll und entgegen vieler Erwartungen, wie Wandlungsfähig er war und noch immer ist. In die Rolle eines psychisch Kranken zu schlüpfen, für den die Umwelt ganz normal scheint, ist Klischees mit Hilfe von Psychopathen. Regisseur Matthew Patrick und die Skript-Schreiber legten Wert darauf, den Charakter von Tom (Gary Busey) ausreichend zu präsentieren. Durch das versierte Spiel seitens Busey bekommt der Zuschauer einen unruhig,

nicht einfach umzusetzen. Busey mimt hier keinen unsympathischen Psychopathen, sondern einen Mann, der in seiner Kindheit seitens seiner Eltern schwer misshandelt wurde. Er hegt lediglich den Gedanken und Wunsch an eine eigene Familie, die Sehnsucht nach Harmonie und Respekt sucht. All das, was er in seiner Kindheit deutlich vermisste. Aufgrund seiner Erkrankung ist er kein gewaltbereiter Mensch. Lediglich in Bedrängnis oder bei Gefahr seine Ziele und Wünsche nicht zu erreichen, wandelt er sich und schreckt auch vor Gewalttaten nicht zurück.

TÖDLICHES VERSTECK verzichtet auf die typischen Slasher-Effekte und

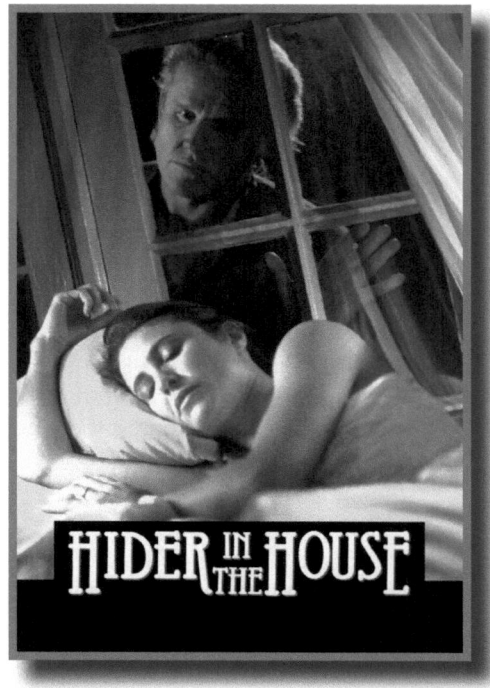

verkrampften und sehr nervösen Psychopathen zu spüren, ohne jedoch die Sympathie für ihn außer Acht zu lassen. Der Film ist somit eine Mischung aus Drama und Psycho-Thriller.

Obwohl die Rolle des Tom auch Sympathie versprüht, sollte der Zuschauer nicht vergessen, dass er auch anders sein kann: Kalt, emotionslos und vor allem unberechenbar. Seine Gewaltbereitschaft in extremen Situationen bekommt man schon am Anfang des Films aufgezeigt. Auch im späteren Verlauf tauchen diverse Szenen mit einer gewissen Härte auf. Allen voran die Tötung eines vom Menschen bestem Freund - einem Hund - könnte manchem schwer im Magen liegen. Sie verdeutlicht jedoch nur die Skrupellosigkeit eines Psychopathen.

Die Spannung steigert sich stetig im weiteren Verlauf der Story.

Das Wechselbad der Gefühle gegenüber dem Hauptcharakter unterstützt die Spannung immens. Was passiert als nächstes? Wer kreuzt die Pläne von Tom? Wie geht er mit Situationen um, die ihn entlarven könnten?

Bislang ist TÖDLICHES VERSTECK in Deutschland ein ONLY VHS Kandidat. Zur Zeit meiner Sichtung war er bei Amazon Prime Video als VOD abrufbar. In meinen Augen eine kleine TV Perle.

VON STEFAN BÖSE

Morgan Hunnicut hat in Grönland eine Außenstelle zur Erforschung der dortigen Bodenschätze errichtet. Eines Tages entdeckt sein Enkel Herb ein gigantisches Lebewesen, das in einem Eisberg eingefroren im Meer treibt. Es ist Yeti, ein schreckenerregender Schneemensch aus dem Himalayagebiet, der in Eis konserviert die vergangenen Jahrmillionen überdauert hat. Der Versuch des Wissenschaftlers, dieses riesige Wesen wieder zum Leben zu erwecken, gelingt. Das Ereignis wird zu einer einmaligen Sensation. Diese Welt ist aber zu verschieden zu der des Yeti, so daß seine ersten Lebensregungen zu einer ernsten Bedrohung für jedermann werden.

Ein Monster-Film aus Italien? Man kennt eher solche Werke aus Japan, China und Korea, als aus dem Land des Weines und der Pasta. Zugegeben - die Filme, die sich mit dem Yeti befassen, sind Mangelware. Das war wahrscheinlich auch ein Grund für die Auswahl des Monsters. Angefangen hat die Karriere von Gianfranco Parolini mit dem berühmten Sandalen-Genre.

Nein, nicht die erotischen Werke am Strand, sondern die Fantasy-Mystery Abenteuer mit Samson, den Göttern und Dämonen. Wer die KOMMISSAR X Filme kennt, wird den Namen Frank Kramer gelesen haben. Ein Pseudonym von Parolini, welches er bis zum Ende seiner Laufbahn als Regisseur nutzte. Doch auch die SABATA Filme sind in seiner Laufbahn wiederzufinden.

Yeti - Der Schneemensch kommt (1977)

YETI - DER SCHNEEMENSCH im Original „Yeti - Il gigante del 20° secolo" wurde in Deutschland auch unter dem Titel „Ice-Man - Gigant des 20. Jahrhunderts" vertrieben. Im Prinzip ähnelt der Film seinem großen Vorbild KING KONG. Das Monster, die Weiße Frau und Widersacher, die mit dem Monster Kohle machen wollen. Das Grundbau-Prinzip wurde hier vollkommen kopiert. Der einzige Unterschied ist der, das am Ende das Monster, also der YETI, in seine Freiheit, bzw. Heimat entlassen wurde. Besser, als in einem Tierpark als Attraktion zu enden.

Für Fans von Monster-Streifen sicherlich eine Sichtung wert. Wer sich den Film jedoch sehr genau betrachtet, wird schnell viele Logik-Fehler finden. Vor allem stach mir eins ins Auge: Der YETI wurde in Alaska gefangen genommen, darf aber am Ende zurück in den Himalaya gehen. Nicht, dass es auf einem anderen Kontinent liegt, nein. Der YETI müsste quer durchs Land laufen und würde sicherlich nicht unbeschadet dort ankommen.

Das die Italiener keinerlei Erfahrungen mit Monster hatten, wird hier bei den Special Effects sehr gut deutlich. Durch eine einfache Kopier-Masche wurde der YETI in andere Aufnahmen hineinkopiert. Diese Anwendung ist nicht sonderlich neu und hatte sich auch oft bewährt. Doch man sollte auf Proportionen achten: Mal ist der YETI so groß wie ein Wolkenkratzer, mal so klein wie ein LKW. Die Miniatur-Bauten hingegen sind recht ordentlich gebaut worden, auch wenn sie meist nur aus ein paar kleinen Objekten bestehen. Ganze Straßenzüge, wie man sie aus GODZILLA kennt, sucht man hier vergebens.

Somit spreche ich dem Film einen Hauch TRASH zu, denn einige Dinge sorgen beim Zuschauer sicherlich eher für Schmunzler, als sogenannte WOW Momente. Das Monster-Genre war damals den Japanern vorbehalten. Netter Versuch von Italien, auf der Monster-Welle mitzuschwimmen, ist jedoch leider missglückt. Doch für Fans des italienischen Kinos und deren Monster sollten mehr als nur einen Blick riskieren. Zwar wurde viel kopiert und aus anderen Werken abgekupfert, aber dennoch bietet YETI einen charmanten Unterhaltungsfaktor.

Das Label Wicked-Vision veröffentlichte den Streifen vor kurzem im schicken Mediabook mit viel Bonusmaterial an Bord: Die ungekürzte Original-Fassung, die rekonstruierte deutsche Kino-Fassung, die deutsche Kino & Video-Synchronisation, hinter den Kulissen, Einblicke, Interviews und vieles mehr.

NEU ★ VON VPS VIDEO ★ NEU ★ VON VPS VIDEO ★ NEU ★

BELMONDO

t.-Nr. 2177

Best.-Nr. 2162

Best.-Nr. 7215

Best.-Nr. 4443

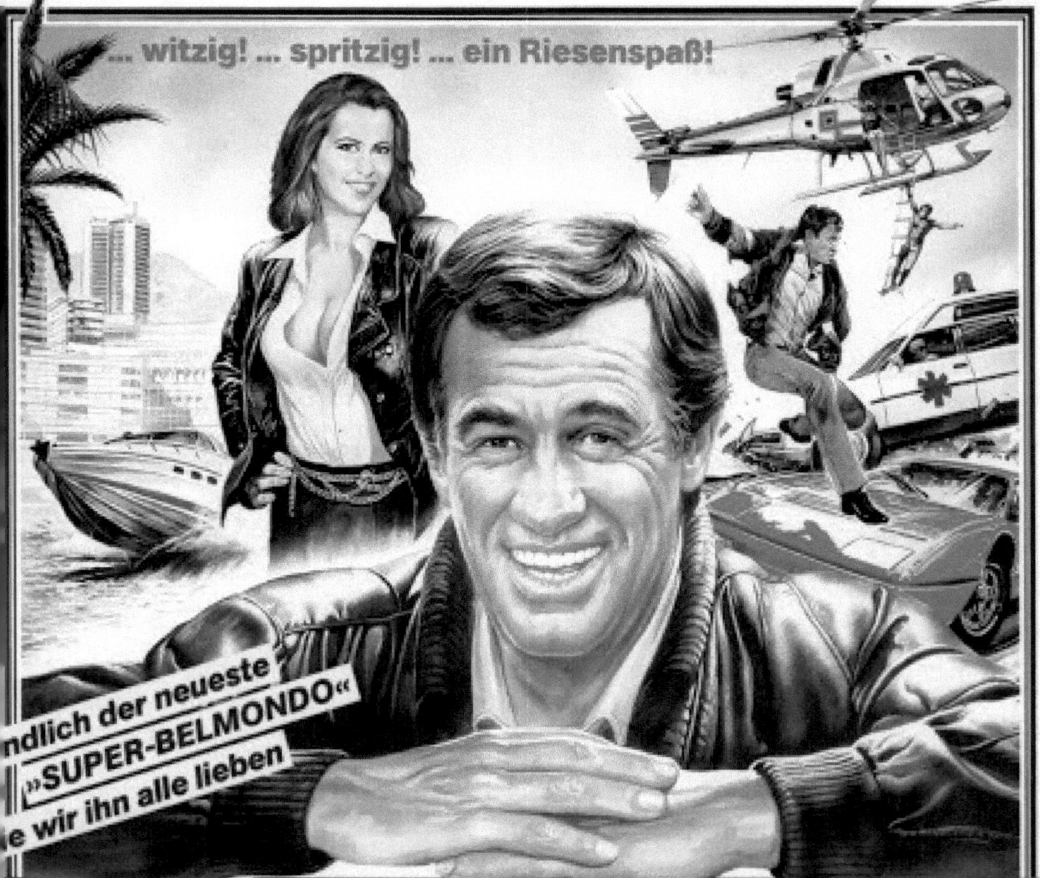

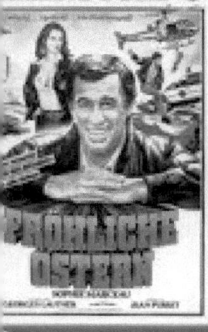

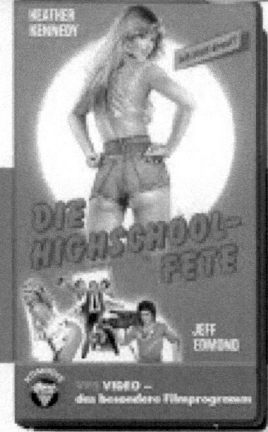

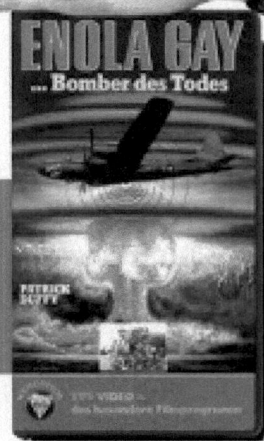

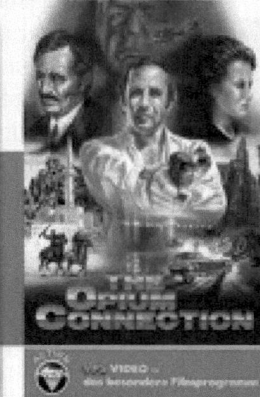

Der von der wesentlich älteren Frau des Inhabers ausgehaltene Geschäftsführer einer Discothek steigt aus, als er für Sexspiele an Freunde von ihr weitergereicht werden soll.

Ein Spielball der Gesellschaft, oder auch Hochmut kommt vor dem Fall - so könnte man das erotische Drama DIE STUTE (1978) kurz erläutern. Ein junger Mann, der als Ober in einem renommierten Club arbeitet, wird von der Ehefrau des Inhabers zum Geschäftsführer befördert. Natürlich sind Hintergedanken der Ausschlaggebende Punkt: Tony, ein junger Mann, ist nun an der Spitze einer feinen Gesellschaft angelangt. Er fährt schnelle Autos, hat ein luxuriöses Apartment und fast jede Nacht eine andere weibliche Schönheit im Bett liegen. Doch die Ehefrau des Inhabers, Fontaine, nutzt Tony für ihre sexuellen Eskapaden aus. Als Tony sich dazu entschließt, einen eigenen Club zu gründen und sich den Sex-Spielen nicht mehr hinzugeben, beginnt sein Leben zu zerbrechen.

VON STEFAN BÖSE

Regisseur Quentin Masters schuf 1978 diese literarische Verfilmung, die auch unter dem Alternativtitel DAS SUPERBIEST vertrieben wurde. Wer den Film AMERICAN GIGOLO kennt, der knapp 10 Jahre später entstand, wird bei DIE STUTE sozusagen die Vorgänger-Version erblicken.

Die Stute (1978)

DIE STUTE gewährt dem Zuschauer einen Blick hinter die Kulissen der berühmten „oberen Zehntausend". Sex, Drogen und Reichtum bestimmen das Leben. Bedürfnisse und Wünsche anderer Beteiligter werden bewusst außer Acht gelassen. Was zählt, ist der Körper des anderen, seine Qualitäten im Bett, oder auch im Fahrstuhl!

Für die Rolle der Fontaine tritt

langweilige Dialoge sind zu vernehmen. Die Story ist recht interessant in Szene gesetzt worden. Mit Joan Collins prominent besetzt, schlüpfte Oliver Tobias in die Rolle des Tony. Untermalt wird der Film mit zahlreichen bekannten Musikern aus den 70er Jahren. Sei es Rod Stewart, Manfred Mann's Earth Band, Roxy Music, Hot Chocolate, Leo Sayer, 10CC, Sweet, Odyssey oder Baccara, um nur einige zu nennen.

Joan Collins in Erscheinung. Dieser Film brachte ihrer Karriere wieder ordentlich Auftrieb. Zuvor begonnene Schauspielversuche verstummten kläglich. Durch die Rolle der nymphomanischen Ehefrau erreichte sie Berühmtheit. DIE STUTE war in den Kinos der 70er ein Erfolg und ließ die Kassen klingeln.

Zynische und leider auch oft

Bislang ist DIE STUTE in Deutschland nur auf VHS erschienen. Eine kommende DVD - Auswertung ist bislang nicht bekannt. Wer ein Faible für erotische und soziale Dramen hegt, der wird sich dem Film hingeben können. Joan Collins als freizügige Nymphomanin ist schon für manche eine Sichtung wert.

Vergessen war gestern, wir sprechen darüber!

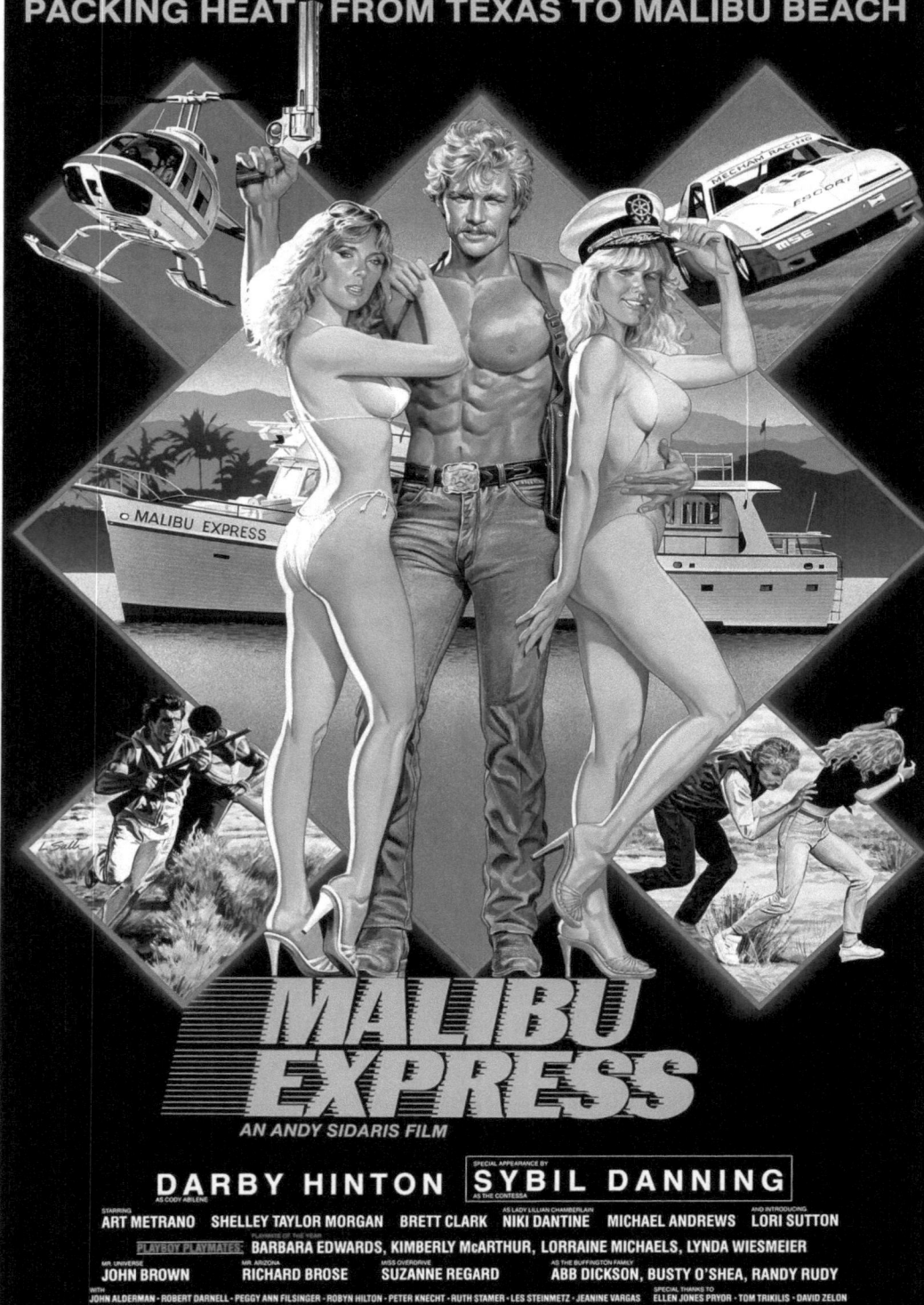

VON STEFAN BÖSE

Was macht ein Privatdetektiv, der überraschend in einen schwierigen Mordfall verwickelt wird und nicht einmal ordentlich schießen kann? Für Cody kein Problem, denn er ist ein überaus attraktiver Typ, und die Mädchen um ihn herum warten nur darauf, ihn mit vollem Einsatz aus jeder Patsche zu helfen. Seine ebenbürtige Gegnerin ist die italienische Comtesse Luciana..

Was Russ Meyer vorzugsweise in den 50er und 60er Jahren war, war Andi Sidaris in den 80er und 90er Jahren: Ein Regisseur mit einem Fetisch zum weiblichen Geschlechtsteil - der Brust! Sidaris lebte seinen Fetisch, wie schon Jahrzehnte zuvor Russ Meyer, seinen Hang filmisch verpackt vollkommen aus. Auch ließ er es sich nicht nehmen, zumeist einen kleinen Cameo-Auftritt zu bestreiten. Andi Sidaris fungierte nicht nur als Regisseur, er war auch Drehbuchautor und ausführender Produzent viele seiner Werke. 2007 verstarb Sidaris an Kehlkopfkrebs, doch seine Werke leben weiter und seine Ehefrau hat sich zur Aufgabe gemacht, seine Homepage am Leben zu halten, sowie seine Filme weiter öffentlich zu bewerben.

Seinen ersten Film drehte Andi Sidaris 1969 mit dem Titel HEISSE REIFEN, SCHÖNE MÄDCHEN. Der Grundstein seiner weiteren Laufbahn war gelegt. Knapp vier Jahre später folgte ein weiterer Vertreter mit dem weiblichen Geschlecht und den erotischen Vorzügen mit STACEY - BLOND, SCHNELL UND TÖDLICH.

In den 80er Jahren waren Action-Streifen beim Publikum sehr gefragt und erfreuten sich großer Beliebtheit. Somit war Filmemacher Sidaris dazu gezwungen, auf einen fahrenden Zug aufzuspringen: 1985 inszenierte er den Streifen MALIBU EXPRESS. Mit diesem Film verlieh er auch seinen späteren Werken eine „gewisse" Handschrift. Daraufhin folgten zahlreiche weitere Ableger und Vertreter, die alle etwas gemeinsam haben: Schöne, leicht bekleidete oder nackte Frauen, Kanonen und tolle Settings - zumeist in Hawai oder Los Angeles.

MALIBU EXPRESS ist ein guter Mix aus Action und Krimi. Dazu eine kleine Portion Humor und Pointen, die an der richtigen Stelle zünden. Diese lösen einige Schmunzler beim Zuschauer aus. Eine angenehme Idee ist es, das unser Hauptcharakter Cody beim Schießen mit dem Revolver eine Niete ist. Der wöchentliche Besuch am Schießstand macht sich jedoch im weiteren Verlauf bezahlt. Daraufhin wird das Köfferchen mit dem Kuhfleckenmuster weiterhin gehegt und gepflegt. Damit

auf Playmates, die sich nicht davor scheuten, auch mal ihren blanken Busen in die Filmkamera zu halten und sie wippen ließen. Einige von den weiblichen Darstellerinnen erlangten dadurch auch noch weitere Filmangebote, auch wenn es sich zumeist um B- oder sogar C-Movies handelte. Für MALIBU EXPRESS wurde sogar Sybil Danning engagiert und für eine Rolle als Geheimagentin besetzt. In weiteren Rollen tauchen Namen wie Kimberly McArthur und Lorraine Michaels auf. Hauptdarsteller Darby Hinton war nach MALIBU EXPRESS besonders bei TV-Serien ein gefragtes Gesicht.

Cody stilvoll in der schön anzusehenden Gegend von Los Angeles herumreisen kann, spendierte man ihm vor allem einen roten DeLorean. Sobald ich den roten Flitzer sah, kam mir sofort die TV-Serie MAGNUM mit Tom Selleck in den Kopf. Cody, gespielt von Darby Hinton, trägt noch dazu den typischen Porno-Oberlippenbart!

Doch was wäre ein durchtrainierter Privat-Detektiv in Los Angeles mit einem roten Flitzer und einer Jacht als Behausung, ohne die leicht bekleideten Frauen in seiner Nähe. Regisseur Sidaris setzte zumeist

Die Geschichte, die von einem Auftrag eines Privat-Detektivs handelt, ist straff und wird zügig vorangetrieben. Statt dem Zuschauer nur mit langweiliger Ermittlungsarbeit zuzudröhnen, darf man auch mal bei mehreren Techtel-Mechtel zuschauen. Doch es bleibt alles im Soft-Erotik Bereich, mehr als blanke Busen und Popos bekommt man nicht zu Gesicht. Aber nicht nur der Detektiv hat Lüste und Bedürfnisse, auch die Widersacher sind munter bei der Sache und begnügen sich untereinander.

Die Story schafft es durch den geschickten Aufbau, sogar den Zuschauer zu verwirren. Wer ist denn nun der Mörder? Wer hatte Gründe für den Mord und wieso müssen andere Unbeteiligte auch dran glauben? Erst im Finale des Films bekommt man durch den Hauptcharakter Cody selbst die Auflösung Stück für Stück auf dem Silbertablett serviert. So macht es Spaß und es fesselt vor allem.

Unterhaltsame Kost bietet MALIBU EXPRESS garantiert. Die Action-Sequenzen beschränken sich mehr auf ein paar Schusswechsel und ein paar Faustschlägen. Mit etwas Witz, Humor und Erotik wurde es ein gut verpackter Krimi mit einer Überraschung am Ende des Films.

Was man von der Oberweite der Judy im Finale nicht behaupten kann, denn bei 240 Sachen im Rennwagen wackeln die Hupen extrem!

MALIBU EXPRESS ist auf VHS und DVD von LASER PARADISE erschienen. Die Bild- und Tonqualität bewegt sich auf einem guten VHS-Niveau. Oder man hält nach der ANDI SIDARIS Box Ausschau! Diese beinhaltet immerhin 10 seiner typischen Werke der 80er und 90er Jahre. Leider ist einer davon nur geschnitten in Deutschland erschienen. Wer der englischen Sprache mächtig ist, dem empfehle ich die Gesamtbox aus den USA, dort sind alle 12 Vertreter ungeschnitten enthalten.

An American
Werewolf
In Paris

Zusammen mit zwei Freunden macht sich der amerikanische Tourist und Bungeejumper Andy McDermott (Tom Everett Scott) zu einer Europareise auf. In Paris sieht er wie sich die adrette Serafine Pigot (Julie Delpy) vom Eifelturm aus in den Tod stürzen will, doch mit Hilfe eines beherzten Bungeesprungs kann er sie retten. Andy spürt die Unbekannte auf, in die er sich Hals über Kopf verguckt hat, doch diese weist ihn ab. Was Andy nicht weiß: Serafine ist ein Werwolf. Einer von vielen, die in Paris ein verschworene Gemeinschaft bilden.

In einer Vollmondnacht werden Andy und seine Freunde von den Kreaturen angefallen, die menschliche Herzen zum Überleben konsumieren müssen. Andy überlebt, hat jedoch eine Bisswunde davongetragen...

15 Jahre nach dem Erfolg von John Landis´ Kulthorrorfilm „An American Werewolf in London" wurde die angelehnte Fortsetzung „An American Werewolf in Paris" produziert. Unter der Regie von Anthony Waller, der uns auch Filme wie „Stumme Zeugin" (1995) und „Als die Liebe laufen lernte - 2.Teil" (1989) bescherte, wagte sich an die indirekte Fortsetzung dieses Kultfilms.

„An American Werewolf in Paris" ist im Vergleich zum Vorgänger für ein jüngeres Publikum ausgelegt worden. Das merkt der Zuschauer recht schnell am Humor. Humor? Ja, denn anders als sein Vorgänger ist dieses Werk eine Horror-Komödie und bedient sich an einigen Elementen aus anderen Produktionen, die eine Mischung aus Horror und Komödie darstellen. Der Humor hatte sich in den letzten Jahren stark verändert und tendiert oft zur Albernheit und Lächerlichkeit.

Jetzt wird´s haarig in Paris

Das der Film sich selber nicht ernst nimmt, ist vollends vom Regisseur beabsichtigt. Mit einem Budget von knapp 22 Millionen US-Dollar wurden hier vor allem CGI Effekte eingesetzt. Diese wirken jedoch teilweise sehr primitiv und sind auch als solche zu erkennen. Anders als beim Vorgänger, wo noch alles mit handgemachten Effekten inszeniert war, wurde hier auf die PC-Technik vertraut, was nicht sonderlich gut gelungen ist. Verglichen mit anderen Produktionen aus den 90er Jahren hinkt „An American Werewolf in Paris" qualitativ weit hinterher.

Bei den meisten Werwolf Filmen wird das Schema eines Bisses und die dazugehörige Verwandlung verwendet. Regisseur Waller setzte noch ein Heilserum dem Plot hinzu, welches die Verwandlung zum Werwolf unterbinden soll.

Somit wurde wenigstens nicht der Einheitsbrei verwendet und etwas frischen Wind in die Schiene der Werwolf-Filme gepustet.

Hochspannend ist der Film nicht sonderlich, doch legte Regisseur Anthony Waller auf Tempo, was dem Film zu Gute kommt und ihn in einen kurzweiligen Unterhaltungsfilm katapultiert.

Abwechslung bekommen wir mit einem Hauch Gothischer Bauwerke, sowie dem Eifelturm geboten. Die Sets sind abwechslungsreich und aufwendig ausstaffiert worden. Hinzu kommt ein stimmiger Score, der leider nur wenig an den Vorgänger erinnert. Dazu eine dichte Atmosphäre. Diese Punkte tragen dazu bei, das man über gewisse Schwächen wie Plot und Effekte hinweg sehen kann und sich diesem Film der 90er hingeben kann.

„An American Werewolf in Paris" ist kein würdiges Sequel, aber ein gutes! Mit viel Witz und einer gewissen Portion Charme kann der Film gefallen. Lässt man seinen Vorgänger außer Acht, ist es ein gutes Eigenständiges Werk. Für manche vielleicht etwas blutarm und mit einer unsinnigen Story versehen, aber für andere ein guter Film aus dem Horror-Komödien Genre der 90er.

Das Label Turbine Medien, welches auch schon den Vorgänger „An American Werewolf in London" im schicken, streng limitierten Mediabook veröffentlichte, spendierte auch dem indirekten Nachfolger eine Mediabook Auswertung. Seit kurzem ist auch eine KeepCase Version im Handel erhältlich. Sie beinhaltet zwei verschiedene Cover-Motive zum

Wechseln, sowie informatives Bonusmaterial. Darunter befinden sich Trailer, Audio- und Video Kommentare, sowie ein Einblick in die Dreharbeiten zum Film mithilfe eines Making Offs, eine alternative Filmfassung und ein alternatives Film-Ende.

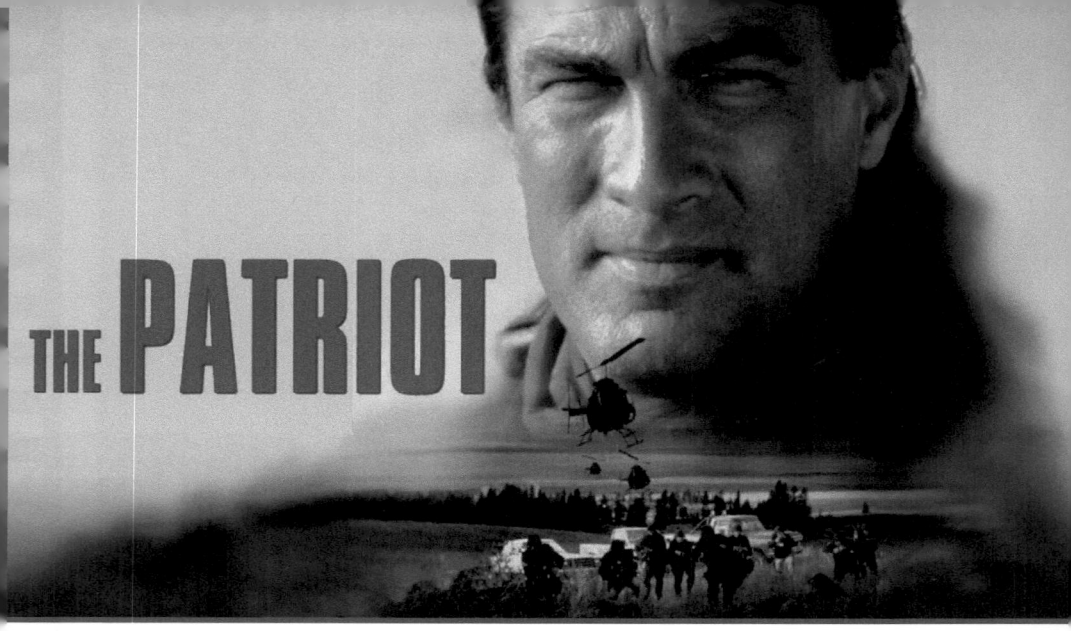

Der Menschheit droht die ultimative Katastrophe ... Der amerikanischen Bevölkerung droht die ultimative Katastrophe. Um militärische und technologische Einrichtungen der USA unter ihre Kontrolle stellen zu können, haben fanatische Terroristen einen tödlichen Virus eingesetzt, der sich rasend schnell unter den Menschen einer Kleinstadt in Nebraska verbreitet. Ein Killervirus, der die gesamte Bevölkerung Nordamerikas in kürzester Zeit vernichten könnte. Gegen den Virus scheint Dr. Wesley McClaren (Steven Seagal) immun aber nicht gegen den russischen Elitekiller Govol, der verhindern soll, daß Überlebende wie McClaren die Stadt verlassen und, als möglicher Träger des Virus, selbst zur tödlichen Waffe werden. Zur Zielscheibe des Killers geworden bleibt den Stadtmenschen keine andere Wahl. Zu allem bereit, beginnt er einen gnadenlosen Rachefeldzug gegen einen übermächtigen Gegner.

Ein Mann wie ein Baum - so wurde Schauspieler Steven Seagal oft kurz und knapp beschrieben. Der amerikanische Schauspieler, der im Jahr 1988 seine Karriere mit NICO begann, wurde zum Action-Held der 80er und 90er Jahre. Man denke da nur an Klassiker wie ALARMSTUFE ROT 1+2 (1992+1995) oder an AUF BRENNENDEN EIS (1994). Geschickt im Umgang mit Waffen und Hilfsmitteln, ist er aber auch gut mit Händen und Füßen aktiv, um einer großen Anzahl von Widersachern das Licht auszuknipsen. Im Film THE PATRIOT (1998) schaltete Steven Seagal schon einen Gang zurück - Actionszenen und Bewegungen des Hünen wurden deutlich weniger und langsamer. Doch leidet darunter die Qualität des Films? Nun gut - ein Action-Brett wie andere Klassiker zuvor ist der Film nicht mehr, aber dennoch sehenswert und unterhaltungsreich.

Die Regiearbeit übernahm Dean Semler, der uns im gleichen Jahr wie THE PATRIOT eine weitere B-Movie Action Perle ins Heimkino zauberte: FIRESTORM - BRENNENDES INFERNO ist ebenfalls ein guter solider Actioner wie THE PATRIOT. Beide Filme beinhalten wunderschöne

an der Story von OUTBREAK - LAUTLOS KILLER (1995) mit Dustin Hoffmann in der Hauptrolle. In THE PATRIOT schlüpfte Seagal in die Rolle eines beliebten Arztes, der eine Tochter in der kleinen amerikanischen Stadt Nebraskader großzieht. Durch eine militante Gruppe Faschisten, die einen geklauten geheimen Virus frei

Landschaftsaufnahmen, die dem Zuschauer ein WOW ins Gesicht drücken könnten. Dean Semler weiß, was Action-Fans wünschen und vor allem erwarten: Schon als Kamera-Mann beim Dreh von DER MIT DEM WOLF TANZT mit Kevin Costner in der Hauptrolle, konnte er das Gespür von atemberaubenden Landschaften fühlen und verinnerlichen. Er nutzte dies für seine Werke und vereinte Action mit Natur.

THE PATRIOT bediente sich etwas

setzen, um militärische und technologische Einrichtungen der USA unter ihre Kontrolle zu bekommen, wird McLaren (gespielt von Seagal) genötigt, seine ehemalige Vergangenheit als CIA Agent wieder zum Einsatz zu bringen. Diese wird er auch dringend benötigen, um seine Tochter, die Stadt und die Menschheit zu retten, denn das Militär hat die Stadt abgeriegelt und die Bewohner auf sich alleine gestellt. Findet er ein Gegenmittel und kann er sich der Gruppe wieder setzen?

Viele reden und schreiben über THE PATRIOT eher schlecht. Gut, zugegeben, er zählt nicht zu den besten Filmen aus Steven Seagals Karriere, aber dennoch ist er sehr sehenswert.

Dies liegt vor allem an dem gewählten Setting: Eine verträumte kleine Stadt in Nebraska, wo die Natur noch im Einklang ist. Zahlreiche Berge mit Schluchten, dicht bewachsene Waldstücke und eine Dichte an Tieren, die der Mensch noch weitgehend in Ruhe gelassen hat. Das versprüht Charme und strahlt Ruhe und Frieden aus. Doch diese getrübte Ruhe wird durch die militantische Gruppe und der Armee der USA gestört. Um den Frieden wieder herzustellen, stellt sich nun (wie gewohnt in den meisten Actioner-Streifen) eine „Ein-Mann Armee" diesen Widersachern - Steven Seagal.

Doch auch hier wird ordentlich geballert, geschossen und Menschen werden durch Räume geschleudert. Da gehen schon mal etliche Glasscheiben zu Bruch, oder das Inventar der Räume wird missbraucht, um Gegner auszuschalten. Zwar schon etwas behäbig und ruhiger als in früheren Filmen, aber immer noch schaubar und eindrucksvoll.

THE PATRIOT war Seagal´s erster Film, der direkt auf Video veröffentlicht wurde. Die Kino-Betreiber hatten die Nase voll von dem Riesen und weigerten sich, den Film in ihr Programm aufzunehmen.

Mit einem Budget von nur 25 Millionen US-Dollar war der Film, verglichen zu anderen Produktionen, sehr kostengünstig produziert. Seagal produzierte zusammen mit seinem damaligen Geschäftspartner Juluis R. Nasso den Film aus eigener Tasche und stellte unter anderem seine eigene Farm in Montana als Drehort zur Verfügung. Das drückte die Produktionskosten. Interessant ist die deutsche Synchronstimme. Hier sprach zum ersten und auch letzten mal Manfred Lehmann die deutsche Synchronisation. Seagal´s Stammsprecher Ekkehardt Belle kam hier leider nicht zum Einsatz.

Durch die spannende Story, die heute mehr als aktuell ist, kam der Film dennoch gut weg und fand seine Fans und Anhänger. Die meisten Zuschauer hätten jedoch gern mehr Action-Sequenzen im Film gesehen. Vor allem wenn man berücksichtigt, das es schon einige gedrehte Action-Szenen gab, die aber ihren Platz im Film nicht fanden und vernichtet wurden.

Trotz diverser Schwächen und kleinen Fehlern weiß THE PATRIOT dem Action-Fan zu gefallen. Mit seiner typischen Coolness, flotten Sprüchen und seiner Kunst zu kämpfen - egal ob mit Waffen, Händen oder Füßen - zeigt Seagal das, was sich Fans wünschen. Die zeitlose Story des Films hebt ihn wieder hervor.

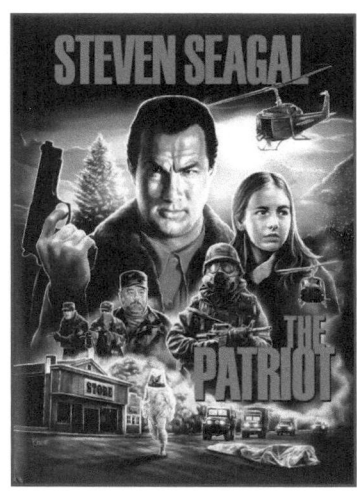

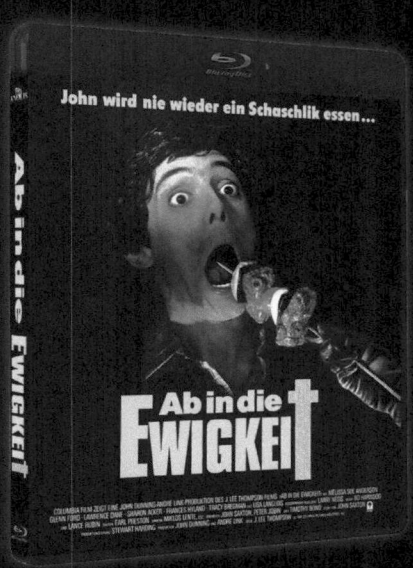

Die beliebte Highschool-Studentin Virgina Wainwright überlebt einen unerklärlichen Unfall, leidet aber fortan unter Gedächtnislücken und traumatischen Blackouts. Als sie versucht, ihr normales Leben wieder aufzunehmen, werden ihre Freunde nacheinander auf brutalste Weise ermordet. Wird Virginia das nächste Opfer - oder ist sie am Ende selbst die Mörderin? Die schreckliche Wahrheit kommt an den Tag, als sie ihren 18. Geburtstag feiert ...

Die 80er Jahre waren die Blütezeit des Horror-Genres. Zwar wurden schon in den Jahrzehnten zuvor viele Filme gedreht, doch vor allem die Werke aus den 80ern lockten die große Masse in die Kinos. Da war es schlichtweg egal, ob es blutrünstiger Horror, oder auch spannungsgeladene Werke waren: Die Massen zog es in die Kinosäle und sie verschlungen die Werke, die fast im Fließbandverfahren abgedreht wurden. Viele der damaligen Titel sind bis heute unerkannt und sind in den Weiten der Videothekenregale verschwunden.
Vor allem das Slasher Genre wurde vorwiegend als Grundlage vieler Werke benutzt. Man denke da nur an die berühmten Film-Reihen wie „Halloween" und „Freitag der 13." - beide waren sehr erfolgreich und pflegen noch immer einen hohen Kultstatus. Noch immer wächst die Fangemeinde dieser beiden Klassiker. Da hatten und haben es natürlich andere Produktionen sehr schwer sich hervorzuheben und sich zu behaupten. Ein Kandidat, welches es meiner Meinung geschafft hat, aber leider immer noch recht unbekannt ist, ist „Ab in die Ewigkeit" (Originaltitel: Happy Birthday to me) aus dem Jahr 1981.

Unter der Regie von J. Lee Thomspon,

den die meisten als Stamm-Regisseur von Charles Bronson kennen, enstanden viele Filme mit ihm. U.a. „Kinjite – Tödliches Tabu" (1989), „Das Weiße im Auge" (1987) und „Ein Mann wie Dynamit" (1983). Doch auch viele andere Filme, die heute noch sehr bekannt und beliebt sind, reihen sich in die lange Laufbahn des 2002 verstorbenen Regisseurs ein. Da tauchen Titel wie „Feuerwalze" (1986), „Die Kanonen von Navarone" (1961) und „Eroberung vom Planet des Affen" (1972) auf. Viele Horrorfilme bekamen in den Jahrzehnten danach „Remakes" spendiert. Man versuchte das neue Publikum damit auf eine Bahn zu leiten, um die Klassiker wieder ins Rampenlicht zu rücken. Auch ist es beabsichtigt, den erfolgreichen Namen zu verwenden, um ein breiteres Publikum anzusprechen. Dem Slasher „Ab in die Ewigkeit" ist bislang dieses Schicksal erspart geblieben. Doch auch schon früher versuchte man mit vielen Tricks und Versprechungen die Zuschauer anzulocken, um die Kassen klingeln zu lassen. Für „Ab in die Ewigkeit" versprach man den Zuschauern, das man die sechs bizarrsten Morde zu Gesicht bekommen wird. Ein müder Versuch, verglichen mit anderen Werken, die fast zeitgleich in die Kinos kamen.

Schaut man sich die Besetzungsliste des Films an, so sticht ein Name besonders hervor: Melissa Sue Anderson. Den meisten dürften sie vor allem aus der erfolgreichen TV-Serie „Unsere kleine Farm" als Mary Ingalls kennen. Diese Rolle spielte sie in insgesamt 162 Episoden.

In ihrer weiteren Karriere sind noch viele weitere Film-Rollen, sowie Serien Auftritte vorzufinden. Jedoch sind kaum weitere erfolgreiche Werke darunter.

Bei „Ab in die Ewigkeit" geht es wie bei anderen Kandidaten nicht um übernatürliche Killer. Auch was die Effekte und das Blutrünstige angeht, hantiert man eher brav und zurückhaltend. Auch der Nackt-Faktor der weiblichen Charakter ist eher brav. Hier wurde augenmerklich auf eine atmosphärische Story gesetzt. Zwar sind hier auch viele Szenen recht blutig in Szene gesetzt worden, aber verglichen mit anderen Kandidaten war es immer noch etwas zurückhaltend. Dadurch

Auch „Ab in die Ewigkeit" bedient sich an der großen Klischee-Kiste und bietet dem Zuschauer das gewohnte 10 Negerlein-Prinzip. Auch was die Charakter Darstellung angeht wurde hier die Kiste gut durchwühlt und verwendet. Der Zuschauer bekommt immer wieder Anhaltspunkte auf dem Silbertablett serviert, um die Spekulationen auf den Mörder bei Laune zu halten. Dies verhindert, das der Zuschauer sich langweilt und gewisse Ungereimtheiten analysiert und sich desinteressiert abwendet. Interessant sind auch die vielen Studentenstreiche, die sich in den Plot integrieren. Für manche vielleicht zu viel des Guten, aber sie lockern die düstere Stimmung auf und verhelfen dem Zuschauer zu Pausen.

Das Label „Anolis" spendierte dem Slasher eine Veröffentlichung im Mediabook, wo es drei verschiedene Cover-Motive zur Auswahl gab. Vor ein paar Wochen kam noch eine Keep-Case Version mit einer Blu-ray an Bord dazu. Mit einem guten klaren Bild und einem wohlklingenden Ton

wirken sie nicht übertrieben, nur um den Blutgierfaktor des Publikums zu stillen. Die Regie und Kamera setzten auf Beleuchtung und subjektiven Einstellungen, um die Spannung und Atmosphäre aufrecht zu halten. Die Stimmung passt jeweilig zu den gezeigten Szenenfolgen: Düster und nervenaufreibend in den Mordszenen.

versehen, befindet sich einiges an Bonusmaterial auf der Scheibe: Sei es ein Trailer, Pressehefte oder Werberatschläge. Wer sich gerne auch mal Horror-Filme anschaut, die nicht so erfolgreich und bekannt wie große Film-Reihen sind, sollte hier zuschlagen.

VON STEFAN BÖSE

Er gehört zu den 10 erfolgreichsten Filmen des Jahres 1991 - ALLEIN UNTER FRAUEN von Sönke Wortmann. Eine herrliche Komödie, die den Zeitgeist der 80er und 90er einfängt. Nicht so bekannt wie DER BEWEGTE MANN von 1994, zeigt dieser Film dennoch eindrucksvoll das Talent des deutschen Regisseurs. Wortmann bewies mit Fingerspitzengefühl, das der deutsche Film noch lange nicht tot ist und sich hinter Hollywood Produktionen nicht verstecken muss. Insgesamt sahen ihn über 1,5 Millionen Zuschauer.

Dank dem Label Turbine Medien kommen wir wieder in den Genuss dieser Komödie. Über Bild und Ton später mehr Details.

Der Film ALLEIN UNTER FRAUEN ist Spaß für Jung und Alt, egal welches Geschlecht. Mit viel Witz und vor allem Charme werden den selbsternannten Machos die Leviten gelesen und sie werden in die Emanzipation der Frauen gerückt.

In den 90er Jahren waren vor allem seichte Liebeskomödien beim Publikum gefragt und beliebt, somit traf Sönke Wortmann mit dem Film genau ins Schwarze. Ein Geschlechter-Kleinkrieg Mann gegen Frau ist eröffnet. Dem Zuschauer werden viele klischeebehaftete Dinge präsentiert, wunderbar verpackt mit Gefühl und einem Lächeln im Gesicht.

Für die Rolle des Machos Tom Blattner wurde Thomas Heinze engagiert. Mit seinen himmelblauen Augen, Hundeblick und seiner Haartolle perfekt für die Rolle besetzt. So stellen sich viele Frauen den ultimativen Macho vor. Doch was geschieht, wenn drei Frauen diesen Macho zur Hausarbeit bringen wollen? Ihn von seinen Ansichtspunkten gegenüber dem weiblichen Geschlecht überzeugen wollen? Das erfährt man in ALLEIN UNTER FRAUEN mit allerlei Wortwitz und Situationskomik. Jedoch hat Sönke Wortmann darauf geachtet, nicht ins lächerliche abzudriften, oder gar die Klischees übertrieben ins Bild zu rücken.

In weiteren Rollen sind viele weitere namenhafte Schauspieler vorzufinden. Allen voran Jennifer Nitsch, die leider im Jahr 2004 durch einen Fenstersturz ums Leben kam. Des Weiteren tauchen noch Namen wie Carin C. Tietze, Meret Becker, Michael Schreiner und Nina Petri auf.

Im Vergleich zu den seinen späteren
Werken ist ALLEIN UNTER FRAUEN
knapp hinter DER BEWEGTE MANN
(1994) und DAS SUPERWEIB (1996)
anzufinden. Eine Schwäche des
Films ist es, das er heutzutage
etwas angestaubt wirkt. In den
letzten Jahren ist in vielen Köpfen
angekommen, das Machos Out sind
und eine gesunde Emanzipation völlig
normal ist. Wer sich jedoch in die 90er
zurück versetzen lassen möchte, der
ist hier gut aufgehoben. Bild und Ton
auf der Blu-ray vom Label Turbine
überzeugen. .
Ohne „wenn und aber" kann man sich
diesen Film vergnügt anschauen.

VON STEFAN BÖSE

Bud und Doyle: Total Bio, Garantiert Schädlich (1996)

Die beiden Egoisten und Nichtsnutze Bud und Doyle (Pauly Shore, Stephen Baldwin) haben ein Talent sich selbst in Schwierigkeiten und andere an den Rand des Wahnsinns zu bringen. Nach einem Streit mit ihren Freundinnen (Joey Lauren Adams, Teresa Hill) geraten die beiden zufällig in den Bio-Dome. Dort soll für ein Jahr in einem Experiment ein autarkes Öko-System erprobt werden und niemand kann vor Ablauf des Experiments den Dome verlassen. Die Wissenschaftler und Wissenschaftlerinnen (u.a. Kylie Minogue) sind anfangs noch zuversichtlich, doch sie heben die Rechnung ohne die beiden Chaoten gemacht, die schaffen es binnen kürzester Zeit das Okö-System an den Rand des Kollaps zu bringen. Das weckt jedoch unerwartet deren schlummernden Ehrgeiz doch mal was richtig zu machen ..

Der Regisseur Jason Bloom war verantwortlich für diese Slapstick - Komödie aus dem Jahr 1996. Leider war „Bud und Doyle" sein einziger erfolgreicher Film in seiner Laufbahn. „Bud und Doyle" ist eine gute Mischung aus sinnfreier Unterhaltung, gepaart mit Slapstickeinlagen. In den Hauptrollen waren Stephen Baldwin und Pauly Shore als Bud und Doyle zu sehen. Beide Schauspieler hatten sichtlich Spaß bei diesem abgedrehten Film - im zweideutigen Sinne gesprochen.

Bud und Doyle sind zwei Chaoten, die vor allem auch kein Sinn im Aufräumen sehen, ihr Apartment sieht dementsprechend aus. Als deren Freundinnen wegen dem Dreck und Müll auf den Putz hauen, wird den beiden sehr schnell klar, das Müll reden und Müll wegräumen zwei verschiedene Paar Schuhe sind. Durch einen Zufall werden die beiden in einem Bio – Dome eingeschlossen. In dieser hermetisch abgeriegelten Welt gelten andere Gesetze und vor allem Ordnung und Gleichgewicht in Sachen Natur. Das Bio – Dome ist ein Langzeitexperiment und die beiden haben keine Chance, aus dem Dome auszubrechen. Unter dem Glasdach gibt es kein Fernsehen und vor allem kein Fast Food. Was ist das bloß für eine Welt? Können sich Bud und Doyle ihrem neuen Lebensraum anpassen, oder bringen sie das Gleichgewicht der Natur in Wallung? Ist das die Vernichtung des Experiments, oder sogar der ganzen Welt?

Zuschauer, die mit dieser Art Humor nicht klar kommen, wird der Film eher langweilig und desorientiert erscheinen. Wer aber diesen Humor kennt und liebt, der wird eine wahre Freude an diesem Film haben. Für die beiden Hauptrollen von „Bud und Doyle" wurden die Schauspieler Stephen Baldwin und Pauly Shore engagiert. Beide haben bereits vor dem Film einige Erfahrungen im Filmgeschäft sammeln können, was sich auch in „Bud und Doyle" widerspiegelt.

Baldwin kann man auch in „Half Baked – Eine Tüte voller Gras" aus dem Jahr 1998 und „Die üblichen Verdächtigen" (1995) in voller Pracht erleben. Shore ist ein Garant für Slapstickstreifen, wie er auch eindrucksvoll in „Steinzeit Junior" (1992), „Schwiegersohn Junior" (1993) und „In the Army now" (1994) zum Besten gab! Doch dieses tuckige Gefuchtel und Verhalten von Shore ist nicht jedermanns Sache. „Bud und Doyle" bieten dem Zuschauer viele hirnlose Gags, trockenen Humor und viele lustige Szenen, die auch was für´s Auge sind. Wer weiß, worauf er sich bei diesem Streifen einlässt, wird seine helle Freude haben.

Die Grundidee der Story ist sehr gut umgesetzt und bis dato fast nicht kopiert worden. Auch wurde sehr viel Wert auf Optik gelegt, sei es bei den Outfits der beiden Protagonisten, oder sogar die Sets: Man sehe sich doch mal den Bio – Dome genau an. Abgerundet wird der Gesamteindruck mit einem herrlich

klingenden Soundtrack, der stimmig auf die Story und die beiden Rollen passt und den Unterhaltungswert von „Bud und Doyle" noch mehr nach oben drückt.

Vor ein paar Monaten wurde „Bud und Doyle" von Wicked-Vision auf DVD und Blu-ray veröffentlicht. Mit einem sauberen Bild, satten Farben und wenig Filter haben sie erreicht, dass die Gesichter und vor allem die Haut der Darsteller echt und realistisch wirken. Zudem ist der Ton klar aus den

Lautsprechern zu vernehmen. Zwar ist die deutsche Tonspur nur mit DTS-HD Master Audio 2.0 versehen, aber diese klingt klar und deutlich. Kein knacken, Rauschen oder Fremdgeräusche sind zu vernehmen. Als Bonusmaterial liegen der Scanavo Box (Stabilere Blu-ray Hülle) ein Wendecover bei, sowie der deutsche Trailer, Original Trailer und eine Bilder-Galerie.

Fazit: „Bud und Doyle" bietet Slapstick pur, klasse Schauspieler, sowie einen kernigen Soundtrack. Die Scanavo Box wird den Zuschauer daher sehr zufrieden stellen. Gute Unterhaltung ist definitiv vorprogrammiert. Der Film war damals ein Geheimtipp in vielen Videotheken und ist nun würdig auf Scheibe im Handel erhältlich.

Pauly Shore
Stephen Baldwin
William Atherton
BIO-DOME
your dome away from home
Music by ANDREW GROSS
Director of Photography PHEDON PAPAMICHAEL
Production Designer MICHAEL JOHNSTON

Impressum:

Herausgeber:
Stefan Böse

Autoren:
Stefan Böse

Lektorat: Adrian Monecke

Impressum:
© 2019
Herstellung und Verlag: BoD – Books on Demand, Norderstedt.
ISBN: 9783756816446

BESUCHT UNS DOCH AUF FACEBOOK UNTER:
WWW.FACEBOOK.COM/RETROFILMBLOG

Bild-Quellen der Screenshots:

Der 4D Mann : DVD Subkultur
Die Bäreninsel in der Hölle der Arktis : DVD Filmjuwelen
Eiskalte Typen auf heissen Öfen : Blu-ray FilmArt
Wild Drivers : DVD Schroeder Media
Highway Cowboy : VHS VMP
Blue Heat : VHS RCA Columbia
Operation Osaka : VHS Rainbows Media Entertainment
Haie der Großstadt : Blu-ray 20th Century Fox
Operation: Hot Water : VHS UFA
The Ultimate Weapon : DVD Splendid
Die Braut des Prinzen : Blu-ray Turbine
Tödliches Versteck : VHS Concorde
Yeti, der Schneemensch : Blu-ray Wicked-Vision
Die Stute : VHS Warner
Malibu Express : DVD Laser Paradise
An American Werewolf in Paris : Blu-ray Turbine
The Patriot : Blu-ray AVV
Ab in die Ewigkeit : Blu-ray Anolis Entertainment
Allein unter Frauen : Blu-ry Turbine
Bud und Doyle : Blu-ray Wicked-Vision

Informationsquellen:
www.retro-film.de
www.wikipedia.de
www.schnittberichte.com
www.ofdb.de
www.imdb.com
www.amazon.de
www.themoviedb.org
www.video-freaks.de